新潮新書

音喜多 駿
OTOKITA Shun

東京都の闇を暴く

710

新潮社

はじめに

２０１６年夏に小池百合子知事が誕生してから、早くも半年が過ぎようとしています。その間、連日連夜にわたってニュースやワイドショーは都政の話題を取り上げ、いまなおテレビで取り上げられない日はほとんどない状態と言えます。「小池百合子知事になって、初めて政治や都政に興味を持った」「東京都がこんなことになっているなんて、まったく知らなかった」という声も非常に多く聞かれます。

それもそのはずです。東京都政も、それに対峙する東京都議会も、「いつどこで誰が何を決めているのかわからない」というまさに「ブラックボックス」に、長い間閉じ込められていたからです。都政が大きな話題になるのはスキャンダラスな事件ばかりで、約13兆円もの予算規模を誇る巨大行政であるにもかかわらず、その本質は多くの都民・

国民に伝わることのないまま今に至りました。国政であれば大きな問題になるような不透明な意思決定プロセス、あるいは利権・癒着といった問題が、都政や都議会においては未だに温存されているような例も見られます。

こうした「闇」に光が当てられることを、私はかねてから切望し、また自分自身も微力ながらネット等のメディアを通じて情報発信を続けてきました。

政治にとって最大の敵は「無関心」であり、小池都政の誕生によって一地方政治に過ぎない都政に注目が集まっているのは非常に素晴らしいことです。反面、マスコミが取り上げるのは都政や都議会のほんの一部に過ぎず、ともすればセンセーショナルな話題ばかりが先行することになります。

都知事とは一体、どんな存在なのか。それに対峙する都議会と都議会議員の役割は何か。豊洲市場や東京五輪、「都議会のドン」や歴代知事、知事辞任から次期都議会選挙まで、テレビを賑わす諸問題はいったいなぜ生じてしまったのか……。こうしたことを体系的に理解できれば、いまの都政や都議会にどんな変化が求められているのか、より一層おわかりいただけるのではないかと思います。

しかしこれまでの多くの都議会議員たちは、極めて閉鎖的で因習が支配する「ムラ社会」の中にあり、対外的な発信に熱心な議員は存在しませんでした。情報発信をしようとする新人議員がいたとしても、所属する政党に存在する「大物」「長老」と呼ばれる議員たちに諫められ、都政や都議会にとっての「不都合な真実」は隠され続けてきたのです。その点、私は無所属議員であり、そうした制限のない自由な立場で活動しています。いまなお365日、ブログやSNSで都政や都議会の情報発信を継続しており、それが古い議員たちに目の敵にされたことは一度や二度ではありません。

そんな私にしか書けない内容を、余すところなくまとめたものが本書です。都政への関心が高まるにつれて、雨後の筍のように「小池本」「都政本」が出版されています。しかしながら、都政に対峙する都議会の立場から、あるいは当事者である都議会議員の立場から書かれた書籍は存在しませんでした。

私は2013年に、7年間勤めた民間企業から一念発起して政治の世界に飛び込み、いま都議会の1期生として活動しています。その間、猪瀬直樹氏、舛添要一氏という2代続けての不祥事による都知事辞任劇や、壮絶な闘いを勝ち抜いて小池百合子知事が誕生した選挙戦、そしてその流れの中で王者然と君臨してきた「都議会のドン」の姿を、当事者として誰よりも近くで見てきましたし、皆さんに一番近い「普通の感覚」「庶民の目線」でこの問題を捉えてきたという自負があります。

本書ではまず第1章で、都政を揺るがすことになった舛添問題の裏側や、小池百合子知事誕生に至るまでの経緯を振り返り、都政や都議会を取り巻く摩訶不思議な力関係を解き明かします。

その上で第2章・第3章では、こうした問題の「舞台」となった都議会の正体と、その舞台の上で活動する都議会議員とはどういった存在なのか、そして「影の主役」である都議会のドンとは一体なんなのかを、都議という「出演者」の立場から忌憚なく述べています。

一転して第4章では、都議会のカウンターパートである都政について、そこで働く都職員の仕事や本質にスポットライトを当てることにより、都知事に求められる役割や能力を明らかにし、今後の小池都政の「東京大改革」の方向性を分析していきます。

そして第5章では、2020年東京五輪や豊洲市場問題といった、現在の都政を語る上で外せない話題に加えて、財政状況や待機児童問題、天下りといった象徴的な政策課題をいくつか取り上げることで、都政についてより深く理解していただけることを目指しました。

本書をお読みいただければ、テレビや新聞、ネットなどのニュースでは断片的にしか伝わらない東京都議会の正体と、そしてそれを改善するために必要な「東京大改革」の本質がおわかりいただけるはずです。民主主義社会において政治は、議会は、有権者の意識が変化することなくして変わっていくことはありません。本書を通じて一人でも多くの都民・国民の皆さまに、都政や都議会を取り巻く危機的状況、そしてその改善のためには何が必要かということが正しく伝われば望外の幸いです。

東京都の闇を暴く　目次

第1章 小池都知事誕生までの暗闘

舛添問題とは何だったのか

「そんなこと聞いてねえよ」

「最初から言えってんだよ！」

　舛添要一知事（当時）が答弁に立つとき、そんな怒号にも近いヤジが都議会議事堂の中で飛ぶようになったのは、一体いつ頃からだったでしょうか。

　２０１４年２月の都知事選挙。自民・公明両党から推薦を取りつけて圧勝した舛添要一氏は、紛れもなく「都議会与党（自民党＋公明党）が生み出した都知事」であり、その蜜月関係は任期満了まで続くかのように思われました。自民・公明両党で議会の約三分の二を占める状況においては、強大な権限を持つ都知事といえども、彼らの賛成がなければ政策を実行することはできません。

　元厚生労働大臣としての実績を引っさげ、受動喫煙防止条例などの制定にも意欲を見せていた舛添知事ですが、都議会自民党が反対姿勢を鮮明にするやいなや、すぐさまその持論を翻すなど、舛添知事は一時期まで都議会自民党のコントロール下に置かれていたと言っても過言ではありません。かたや舛添知事も、知事として東京五輪を迎えるという野心のために、都議会自民党の後押しを受けて無難に都政運営をこなし続けており、両者は「持ちつ持たれつ」の関係を続けていました。

そんな関係に隙間風が吹き始めたのは、舛添知事が新国立競技場問題に触れ始めた、２０１５年夏頃からです。知事就任から1年半ほどが経過し、その強大な権力に気づいた舛添知事は、自らの「独自色」を出したいと欲が出たのかもしれません。

新国立競技場の東京都側の費用負担について、舛添知事が「私は何も聞いてない」「正当な理由がなければ、費用負担をするつもりはない」などと発言したことに対して、政府との調整役を事実上担っていた都議会自民党は猛反発。冒頭のヤジが議場を飛び交い、最初は抵抗を見せた舛添知事でしたが、最終的には、政府の意向を汲んだ都議会自民党の要求通りの費用負担を受け入れる結果となりました。

しかしこの騒動から、舛添知事と都議会自民党の関係はギクシャクし始めます。さらに舛添知事は、かねてから都議会自民党や公明党が苦言を呈していた「都市外交（海外視察）」を連発します。

そうした都議会最大勢力との関係に亀裂が入った状態で発生したのが、日本国中を巻き込んだ2015年のパリ・ロンドン出張における「舛添問題」でした。

5000万円に及ぶ高額海外出張経費を始めとし、毎週のような公用車による湯河原別荘通い、そして家族旅行や美術品に支出された政治資金の公私混同疑惑……。2期8年は盤石と思われていた舛添知事の立場は、にわかに大きく揺らぎ始めました。

舛添知事が説明責任から逃げ続ける中で、次々と噴出する疑惑に対して、都民の不満は頂点を極め、辞任を求める声は各種世論調査でおよそ8割という前代未聞の数値を記録しました。

しかしそんな中、世論とまったく異なる動きをしていたのが東京都議会です。猪瀬元知事の「徳洲会事件」の際には、世論が盛り上がるよりも早く責任追及を始めた東京都議会ですが、この舛添問題については、

「まずは（議会初日に行われる）知事所信表明を聞いてから……」

「議会質問で、しっかりと知事の説明が行われてから……」

と、責任追及の場を設けることを先送りし続けました。

世論の矛先は都議会に向かうかもしれないのに、一体なぜでしょうか。世間一般からはわかりづらいリアクションかもしれませんが、選挙のときから舛添知事を支えてきた、

都議会の事実上の意思決定者である都議会自民党・公明党の思惑は明白でした。

まず一点目は、舛添知事を厳しく責め立て、進退問題にまで発展させることは、自らの「製造責任」論を招きかねないこと。自分たちに火の粉が降りかからないよう、事をなるべく大きくさせないように努めていたことは確かです。

しかしそれ以上に大きな理由は、舛添知事をレームダック（死に体）にして続投させるためです。前述のように都議会自民党らの意思に反する行動を取り始めた舛添知事は、議会にとって目の上のたんこぶになりつつありました。今回の不祥事で民意と求心力を失った知事を、辞任に追い込まずに続投させることができれば、選挙のとき以上に大きな「貸し」となって、意のままに議会は知事を操ることが可能になるからです。

しかしながら世論の高まりは、そうした議会の思惑をはるかに超えるものでした。都議会自民党の生ぬるい議会質問に対して、都民の批判が殺到。舛添知事に向いていた批判の矛先は、徐々に自民党を始めとする都議会へと向けられるようになりました。

2016年7月に参院選が迫る中、最後の最後まで舛添知事への擁護姿勢を見せていた都議会自民党も、このまま舛添知事をかばい続けると「もたない」「参院選に悪影響が出る」と判断し、最後は他党とも共同で不信任案を提出することになったのです。

このように、舛添知事が辞任するまでの裏側で、都議会の中では「自らの政治的思惑で、舛添知事をかばい続ける与党勢力」「都民の民意を背景に、舛添知事に辞任を迫る野党」という駆け引きが行われていたのです。しかし、都民の8割以上が明確に辞任を求める意思を表していた状況下で、自らの思惑で知事続投を目論んでいた都議会与党の姿は、批判されてしかるべきものだったと言えるでしょう。

舛添知事を辞任に追い込んだのは何か

さて、それでは舛添知事を巡る「与野党の駆け引き」とは、具体的にどのようなことが行われていたのでしょうか。

前述のとおり、選挙で舛添候補を応援した知事与党（特に都議会自民党）は、世論に反して知事の続投を目論んでいたことは明白でした。一方でその他のいわゆる「野党」は、都民の世論を代表するもう一つの機関として、当然のことながら知事の責任追及を強く求めていきます。

本来、知事は直接選挙によって選ばれるため、内閣総理大臣を選出するという意味での「与党」という概念は地方議会にはないはずなのですが、知事を支持する勢力が事実上、与党的な役割を果たしていることから、全国的に「知事与党・野党」という構図が発生しています。

この攻防には、実は議会制民主主義のすべての要素が凝縮されていたと言っても過言ではありません。２０１６年現在、定数１２７議席の東京都議会は、知事与党と呼ばれる自民党・公明党でおよそ三分の二を占めます。知事を辞めさせる一番簡単な方法は「知事不信任案」を突きつけることですが、これには都議会議員の三分の二以上の出席と、出席者の四分の三以上の賛成という高いハードルがあります。与党がその気にならなければ制度上、知事を辞めさせることは不可能なのです。

つまり、議会が単純に多数決で決まるのならば、舛添知事が辞任にまで追い込まれることはありえませんでした。ではなぜ、議会は最終的に全会派一致で、舛添知事に不信任案を突きつけるに至ったのでしょうか。それは一言で言えば「民意の後押し」ということに他なりません。これはあらゆるところで議会の意思決定に影響を及ぼしました。

舛添問題に最終的な決着をつけたのは、一問一答形式で行われた総務委員会の「集中審議」（6月13日）でした。

都議会自民党を除くほぼすべての会派が辞職を求め、舛添知事を追い詰めていく姿は繰り返しテレビ報道され、舛添知事が「ウソをついている」「説明責任から逃れようとしている」印象を決定づけました。これによって辞職を求める世論は頂点に達し、都議会は同15日の議会最終日（閉会日）に不信任案の提出を避けることができなくなりました。

実はこの集中審議、知事与党は同13日の開催を防ぐべく、全力で抵抗を示していました。都議会自民党・公明党の提案では、集中審議の日付は同20日。この日まで集中審議を先延ばしにできれば、同15日に都議会は閉会しており不信任案の提出・採決が事実上困難になるため、舛添知事の秋までの延命は確定するからです。もちろんこれに、私を含む野党は15日以前の集中審議開催を求め、攻勢を強めます。

集中審議の日付を決めるのは、「理事会」と呼ばれる非公開の会議体です。理事会の意思決定は単純な多数決で行われるわけではないものの、委員長・副委員長などの重要ポストの多くは与党によって占められ、制度上、彼らが議論を押し切って集中審議の日付を閉会日後に先延ばしにすることは容易なことでした。

しかしながら、これを防いだのが「報道」と「民意」です。

理事会はたしかにテレビメディアが入れない非公開の場で行われますが、その後に続いて行われる常任委員会は、傍聴人やマスコミに対してフルオープンで行われます。委員会に対する世論の注目度は高く、この日はまだ舛添問題を取り扱わない予定だったにもかかわらず、すべてのキー局のカメラが委員会取材に入ることになっていました。これが、我々野党には僥倖になりました。

そこで我々野党は、集中審議の日程を与党が強引に先延ばしにするのであれば、この委員会の場で「動議（異議申し立て）」と「委員長不信任案」を提出することを宣言したのです。大声で異議を唱える野党議員たちの姿が全国ネットで放送されればどんなことになるか。舛添知事と結託して彼を守ろうとしているのは一体誰なのか、白日の下にさらされることになってしまいます。

これを恐れた与党勢力は、強引に日付決定をすることができず、理事会は紛糾。6月9日の午前11時から行われた総務委員会理事会は、休憩を挟んで断続的に夜の20時近くまで行われました。

最終的には与党が妥協し、時間制限が設定されるなど条件付きながら、閉会日前の6月13日に集中審議が行われることに。そしてこの、テレビカメラと世論に圧されて渋々ながら決定された集中審議が、前述のとおり舛添問題に幕を降ろすことになったのです。議会における単純な数の論理やルールだけで言えば、舛添問題がこの段階で幕引きされることはなかったでしょう。その閉鎖的な「政界・議会の常識」を覆したのが、世論の関心の高まりと適切なメディア報道でした。これは「民主主義においては、意思決定を行う最大の主権者は有権者である」という当たり前のことが証明された、極めて重要な一つの出来事だったと言えるでしょう。

舛添知事はなぜすぐに辞めなかったのか

舛添知事は最後まで抵抗を見せました。集中審議の最後の最後、にわかに挙手し、「不信任案をいま出せば、知事選あるいは都議選がリオ五輪と重なるので、今は猶予してほしい」と言い始めたのです。

単純に言えば、「不信任案を出さないでください」という懇願なのですが、最大の問題点は、「私が辞任するか、議会を解散するか、いずれにせよ選挙になる」として、議会解散の可能性を明確に示唆した点です。

地方自治法では、議会から不信任案が提出・可決されると、知事は10日以内に失職するか、議会を解散させるかを選ぶことができます。「自分は悪くない、落ち度は議会にある！　選挙になれば、自分（知事）を支持する議員たちが勝ち残って、状況は好転する！」ということであれば、知事サイドは議会解散を選ぶ権利があるわけです。

ですが常識的に考えれば、議会側になんら落ち度がなく、このような知事の不祥事が発端で不信任案が提出された場合に、議会を解散するということはありえません。にもかかわらず、「議会を解散するかもしれないぞ」というプレッシャーをかけてきた。

結局、地位にしがみつく気はないと言いながら舛添知事は、「いま不信任案を出せば、オマエラも道連れに解散するぞ」と脅しをかけて、リオ五輪に行きたいという自身の私利私欲のために最後までその座に居座ろうとしていたことは明白でした。さらに言えば、この場さえしのいでしまえばリオ五輪の熱狂で世論の風向きが変わり、あわよくば辞職せずに済むかもしれないという意図が透けて見える、極めて邪な考えです。

自分には一切の落ち度がないと思いこんでおり、また自らのハシゴを外した都議会与党に強い恨みを持つ舛添知事は、こうして「道連れ解散」を本気で検討していました。不信任案提出を前に辞職するように訴えかける都議会議長（自民党）の説得を拒否し、不信任案に対して議会解散を選択する構えを見せたのです。

深夜まで及んだ与党・都議会自民党と公明党の交渉も失敗に終わり、多くの都議会議員たちは解散・選挙を覚悟し、選挙日程を確認して、早くも選挙カーの手配やウグイス嬢の確保に走る議員たちまで発生しました。

しかし本会議当日の午前、急転直下で「舛添知事辞任」の速報が流れ、最後の抵抗は幕を閉じることになりました。一夜にして舛添知事が翻意した背景には、家族の説得があったとも、官邸の安倍首相から一本の電話があったとも言われています。真相はいまだに闇の中で、それを知る人は舛添知事ただ一人でしょう。

こうして、幻の都議会議員選挙は消滅したわけですが、この舛添知事の執念とも言える抵抗は、一度選挙を勝ち抜いて就任した知事という権力者を辞任させることは、これほどまでに難しいことだと示したとも言えそうです。

都知事選の混乱から何が見えるのか

舛添知事の辞任によって急遽行われることになった東京都知事選挙では、主要政党による候補者選びは二転三転し、苦戦している模様が伝わってきました。都議会自民党が最後の最後まで舛添知事を続投させようとしたのも、「辞めさせたところで、次がいない」というのが大きな理由の一つでした。

ではなぜ、都知事選挙はこれほどまでに、候補者選びが難航するのでしょうか。

その最大の理由の一つが、地方自治体の首長選挙が国政選挙と異なり、同じ選挙区内に複数人が選出されたり、比例代表制度で復活できることがなく、最大得票者たった一人しか受からないということです。

２０１６年12月の調査によると、もっとも支持率が高い政党でも、単独で過半数を獲得している政党はありません（自民党で約40％）。つまり、首長選挙では政党所属を鮮明にし、無党派層などの支持を失ってしまうと、逆に当選が厳しくなってしまいます。そこでほとんどの候補者は「無所属、○○党推薦」という形を取り、政党支持層と無党派層の両方にアプローチをしていくことになるのです。

とりわけ東京都は、日本全国でもっとも無党派層の割合が高いとも言われており、この無党派層の支持なくして知事の座を射止めることは不可能と言えます。どれだけ自民党・公明党が組織選挙を展開しても、無党派層の支持を集めた候補者にあっさりと敗北することが十分に考えられます。

無党派層からの得票の鍵を握るのは、身もふたもありませんが、何よりも「知名度」になります。だからこそ猪瀬直樹元知事が辞任した直後の2014年都知事選挙において、自民党はかつて自ら除籍処分にした舛添氏を、その高い知名度から推薦せざるを得なかったのです。

ところが2016年の舛添問題前後の自民党は、7月上旬に行われる参院選を前に、東京選挙区の候補者選定すらままならないという状態でした。高い知名度を誇り、弁舌さわやかで、無党派層の心をがっちりつかめる……そんな人材はなかなかいません。いたとしてもこのような状態にある都政では、「火中の栗」を拾いに行くようなものです。

だからこそ、自民党は当初、人気アイドルグループ「嵐」の櫻井翔さんの父親であり、総務省事務次官を退いたばかりの通称「桜井パパ」に白羽の矢を立て、必死になって擁立に向けて説得していたというわけです。結局のところこの説得は失敗に終わり、最終的には、一般的な知名度は高いとは言えないけれど、岩手県知事を3期務め、著作も出して、政界ではそれなりに知られている増田寛也氏が自民党・公明党の推薦候補となりました。

一方で、勝つために高い知名度を持つ候補者の擁立に躍起になっていたのは、民進党や共産党ら野党も一緒です。こちらの候補者選定も二転三転し、一時はタレントの石田純一氏の出馬まで取り沙汰され、最終的にはこれも高い知名度を誇るジャーナリストの鳥越俊太郎氏が候補者となりました。

政策や理念、あるいは人柄といった要素ではなく、何よりもまず「勝つため」に知名度を最重要視して候補者選定を行う。そんな大政党の姿に対して、多くの都民・国民は不信感を持ったのではないでしょうか。そうした批判を承知の上でなお、既存政党は「知名度の高い候補者を擁立すれば勝てる」と信じ、本質的な都政の論点を無視して検討し続けました。

私自身は都知事選挙に関しては首尾一貫して、小池百合子候補を支持してきましたが、それは知名度を評価してのことではありません。

小池百合子をなぜ応援したのか

都民の直接投票で選ばれる知事は「大統領」に近い存在と言われ、強大な権限を持っているると思われていますが、実のところ、予算などの議会承認が必要な重要案件になれば、議会の理解なしには一歩も動くことはできません。こうした力関係を利用して都政においては事実上、都議会の一部勢力が裏で糸を引き、権勢を奮ってきた背景がありました。

さらに言えば、東京都知事は特定政党、つまり都議会自民党の都合で作りあげられ、彼らの都合が悪くなると彼らの判断したタイミングで引きずり降ろされるということが発生してきたわけです。

遡れば石原慎太郎氏も、当初は都議会自民党と対立路線でスタートしたものの、やがて融和して都議会自民党の強い影響下で都政運営を行っていました。都知事だけがどれだけ変わっても、この都議会自民党との悪しき「癒着関係」を断ち切らない限り、都政を刷新することは決してできません。

つまり、一部の都議会勢力＝都議会自民党が作り出した知事ではなく、真の意味で都民に選ばれた知事が議会と対峙し、政策を実現していかなければならない。これが、私が都知事候補者として必要であると考える要素でした。そして図らずも小池氏はこれを満たしていたわけです。

小池氏は当初は自民党都連（都議会自民党や東京選出の自民党国会議員を含む地方組織）に推薦を求めたものの、それを拒絶されたことから逆に、自民党都連・都議会自民党との対立姿勢を明らかにしました。

さらに小池氏は、いずれの既存政党からも推薦・支援を受けない、「完全無所属」を宣言しました。長年にわたって停滞してきた都政を劇的に動かせる可能性があるとすれば、しがらみのない立場の知事が誕生することです。

こうした理由から、小池氏の支持・応援を表明した私でしたが、相手は自民党・公明党が推薦し、手堅い得票が見込まれる増田寛也氏。そして高い知名度を誇り、野党4党が相乗りで推薦を出した鳥越俊太郎氏。選挙の「常識」で組織票を積み上げていけば、決して勝てることのない大勝負でした。

今回、これらの政党の支持を受けずに出馬した小池氏が、都民の期待を想像以上に多く集めた一因には、政党の都合と知名度合戦になっている都知事選挙の「因習」に対する嫌悪感が大きかったのではないかと思います。

小池百合子はなぜ勝ったのか

公示直前まで出馬を調整していた有力候補・宇都宮健児氏（元日弁連会長）が出馬辞退を表明し、都知事選の有力候補は小池百合子・増田寛也（自民・公明推薦）・鳥越俊太郎（民進・共産・生活・社民他推薦）の3氏に絞られました。

この時点で小池氏の勝利を予想した人は、実は政界関係者・選挙関係者にはほとんどいませんでした。

なにせ、直近に行われた参議院議員選挙の東京選挙区における結果を見れば、増田氏に推薦を出した自民党＋公明党の得票が約230万票、鳥越氏を推薦する野党4党の合計得票は約240万票です。政党の推薦＝組織票のない小池氏は、浮動票だけでこの巨大な敵に立ち向かわなければなりません。

しかし、勝機はありました。

まずこの選挙戦そのものが、「都政不信」、そしてそれを作り出してきた「都議会不信」からスタートしているということです。

実際、増田氏を候補者に選定した過程を見ても、その意思決定プロセスは極めて不透明で、「一部の権力者たちが、自分たちの都合が良いことばかりを決めている」「都政や都議会でも同じことがまかり通っているのでは」という疑念を抱かせるものでした（そしてそのほとんどは、現職都議である私から見ても正しいものばかりです）。

これまで都政になどまったく興味がなかった人たちも、２代続けて知事がスキャンダルを起こして辞任した姿を見て、あるいは迷走を続ける候補者選びを見て、都政や自民党に何かしら構造的欠陥があることに気づいているはずでした。

彼らの問題意識に働きかけていけば、勝利の可能性があるのでは……。となれば、やるべきことは明確でした。

これに対して小池候補は、「いつどこで誰が決めているのかわからない、都政のブラックボックスに切り込む」「一部の権力者、都議会のドンが決めるのではなくて、都民の皆さまとともに歩んでいく」という点を明確に宣言し、これまでの都政の因習に「NO」を突きつけたのです。

彼女の高いプレゼンテーション能力でこれを訴えかけながら、街頭演説はSNSでの告知を中心に、一切の動員なしで繰り返しました。自らの意思で集まった聴衆の人数は日増しに増え、それがさらに人を呼ぶ好循環が生まれ、他の候補者には決して見られない「熱量」が小池候補を後押ししていくことになります。

また「都議会のドン」というわかりやすい対立相手を打ち立て、そこに対するアンチテーゼ・改革を訴えていくやり方は、一世を風靡したあの「小泉劇場」にならって「小池劇場」とも呼ばれ、連日にわたってメディア報道を過熱させていくことになります。

一方で増田候補を推薦する自民党都連は、「各級議員（親族等含む）が、非推薦の候補者を応援した場合は、党則並びに都連規約、党規則に基づき、除名等の処分の対象になります」という通知を党員たちに対して発令したことが大きな議論を呼びます。自ら都政の混乱を巻き起こしておきながら反省もなく、尊大な態度を取り続けたことが、一般有権者のみならず、自民党員からも反発を招きました。

トドメは選挙戦終盤、増田氏の応援演説に駆けつけた石原氏が小池氏を指して「大年増の厚化粧」という暴言を言い放ったことは、「巨大組織のオジサンたちに虐げられる女性候補」という構図を決定的なものにし、若年層を中心とした無党派層・自民党支持層の多くが小池支持を鮮明にします。

一方で、高い知名度から当初は世論調査で大きくリードしていた鳥越候補も、「都政のことは興味がなかったので、まったくわからない」と言い放つ姿勢が都民の反感を買い、公開討論会への出席も消極的な姿勢で支持率を徐々に落としていきます。さらに選挙戦中盤に発覚した女性スキャンダル問題では、自らの説明責任を放棄して弁護士に一任した姿が舛添知事を想起させ、当初の勢いは完全に失われていきました。

フタを開けてみれば、増田・鳥越両候補は推薦を出した政党の支持層を固めることすらできず、一部は小池候補の得票へと流れることになりました。それらに加えて無党派層（浮動票）をがっちりとつかんだ小池候補は、２９１万票という予想を超える得票で、見事に都知事の座を射止めることになります。

敵失に助けられたこともありますが、やはりこれは「今までの都政ではダメだ」「それを支えてきた既存政党に任せておけない」という都民の問題意識と危機感が、強く現れた結果と言えるでしょう。「今まで見たこともない都政を作る」と公約した小池都政は、都民からの変革の期待に支えられて誕生しました。既存政党ではなく、都議会ではなく、まさに都民に向き合う都政の実現が、新知事には強く望まれているのです。

第2章　東京都議会の闇

小池都政になって何が変わったか

小池都政が誕生してからというもの、メディアで都政のことが報じられない日はありません。

知事に就任して初登庁する日には、「慣例」を破って都議会自民党などの都議会議員たちが出迎えのセレモニーに参加をしなかったこと、都議会議長（自民党所属）が記念撮影を拒否したことなどが大きな話題となり、選挙が終了した後も闘いの構図が継続する「小池劇場・第二幕」の開幕を予感させました。

政策面でも築地市場の豊洲への移転延期を表明したことを皮切りに、公約であった知事報酬の半減、子育て支援政策における大型補正予算の編成と、矢継ぎ早に「小池カラー」を全面に打ち出して動いています。

すると、これまで都政の意思決定が極めて不透明なプロセスで行われてきたことや、知事の報酬に比べて都議会議員たちの待遇が恵まれすぎていることなどが、次々に明るみに出てきました。それをさらに、マスコミが取り上げるという循環で、都政への注目度は日増しに高まるばかりです。

こうした知事の動きに対して、まったく対応できていないのが都議会サイドです。

これまで都議会を始めとする都道府県議会は「中二階」と揶揄されてきました。テレビなどで取り上げられる国会が常に注目されたり、あるいは区市町村の議会が身近に感じられるのに対して、その中間にある都道府県議会は、必要なのかどうかもよくわからない、地味な「中二階」的な存在というわけです。

東京都議会はこれまで、その財政規模や持っている権限の多さにもかかわらず、注目を浴びないがゆえに、古い慣習が温存されてきました。「都議会のドン」と言われる一部権力者が意思決定に多大な影響を及ぼすムラ社会的構造、年間約1700万円の日本一高い議員報酬、新年会に高級弁当とやりたい放題の政務活動費……。一般の都民感覚で見れば許されないようなことがずっと続けられてきました。

ところが、舛添問題や小池都政を機に、都政や都議会にスポットライトがあたったことで、こうした慣習が明るみに出、多くの都民が疑問を覚え始めています。

それに対して、これほどまでに注目を浴びることに慣れていない都議会議員たちの多くは、ダンマリを決め込むか開き直って強気な態度に出るばかりで、都民の心をつかめているとは言い難い状態です。

それもそのはず、額面が高すぎる議員報酬や政務活動費の用途について、まともに説明ができるはずがないのです。また、都庁官僚と馴れ合いの関係を続け、行政のチェック機関としての責務を放棄してきた都議会の怠慢は、これから報道によって明らかにされていくことでしょう。

政治の世界にかぎらず民間の組織でもそうなのですが、定期的に「権力構造」が変わることは、特に政治行政にとって重要なことです。なぜなら権力者が変わると、前任者が積み重ね、隠蔽しようとしてきた失政の数々が明るみに出る可能性が高いからです。

その典型的な例がギリシャでしょう。一国の財政破綻が、EUという巨大システムを揺るがす大問題に発展したギリシャ問題ですが、これはそもそもギリシャが自国の財政状況を「粉飾決算」でごまかし、EUに参加していたことが原因でした。これはギリシャで政権交代が起こり、権力者が一新されたことで、前任者たちが隠していた巨悪が暴かれたのです。

翻って、東京都政はどうでしょうか。2000年代に入ってから4人目の知事を迎えましたが、実は権力構造の変化は起きておらず、前任者が残してきた実績が抜本的に検証されることはありませんでした。その大きな理由がまさにこの東京都議会と、「都議会のドン」と呼ばれる権力者の存在にあります。

知事が石原氏から猪瀬氏、舛添氏へ変わっていっても、都政を実質的に管理するもう一人の権力者「都議会のドン」は、ずっとその背後で変わることなく隠然と都政に影響力を及ぼしてきました。そのために知事は思い切って前任者の失政や問題点を指摘することができず、どれだけ知事が変わろうとも、都政にとっての「不都合な真実」はずっと明るみに出てくることがなかったのです。

小池都政の誕生は少なくとも2000年代に入って初めて起こった、「都議会のドン」から切り離された権力構造の変化と言えます。小池知事であれば、もう一つの権力にまったくおもねることなく前任者の実績（失政？）に切り込んでいけるのです。いま明らかになりつつある豊洲新市場の不備やオリンピック利権の問題は、氷山の一角に過ぎないと断言できます。

しかしそんな都政の課題を検証していく前に、まずは都政を長期間にわたり支配してきた「東京都議会の正体」を詳述していきたいと思います。戦中から続く古い歴史を持ち、「永田町以上の伏魔殿」と言われる東京都議会とは、一体何なのか。小池知事が

「ブラックボックス」と断言したほどの闇の構造とは何か。これを明かしていきましょう。

自民党都連はなぜこれほど力を持っているのか

都政のパワーバランスを語る上で、自民党都連という組織を避けて通ることはできません。正式名称は自由民主党東京都支部連合会。都議会議員だけではなく国会議員や区市町村議員・一般党員などすべてを含めた地方組織です。よく「都議会自民党」と「自民党東京都連」が混同されていますが、自民党東京都連は都議会自民党を包括した、上位組織ということができます。

首都・東京とはいえ、こうした政党の一地方組織がなぜこれほどまでに強大な権威・権限を持っているのでしょうか。一般的な感覚で言えば、国会議員>都道府県議会議員>区市町村議員というヒエラルキーがあり、国会議員はその頂点に、そして地方議員は国会議員の指揮命令下にいそうなイメージです。

ところが自民党都連の場合、国会議員が就く「会長」は、完全に名誉職に過ぎません。

都議会議員が就く「幹事長」こそが、都連の財政や人事権などを握る実質的な権力者のポジションであり、幹事長の首を縦に振らせることができなければ、国会議員とはいえ都連という組織（＝地方議員たち）をおいそれとは動かせないのが現実です（この「都連幹事長」ポジションの重要性については、後段の「都議会のドン」の項で改めて詳述します）。

しかし幹事長のポジションを占めているとはいえ、それだけで選挙で十数万票もの得票をし、永田町に事務所を構える国会議員と、自治体の地方議員の「逆転現象」が起こるものなのでしょうか。

実は国会議員たちの多くは、地方議員たちの協力なしに選挙で当選することができません。特に自民党のような組織選挙を行う場合、地方議員たちが持っている後援会組織や名簿が非常に重要になります。都道府県はもちろん各区市町村の地方議員たちが数千単位の名簿を持ち寄り、それを集めて後援会組織を固めることで、初めて組織票を投じることができ、自民党候補が国会議員として当選できるというわけです。

この地方議員たちにそっぽを向かれてしまえば、次の選挙で当選することは極めて難しくなります。そのため、組織力が弱く、浮動票が見込めない、選挙に弱い国会議員ほど、地方議員に対して頭が上がらないという状態になります。国会議員∨地方議員という、単純な力関係が成立しないのは、こうした理由によるところが大きいのです。

加えて東京都の場合、独自の理由が存在します。それは東京都の財政がいまだに豊かであり、政治的な「ラストリゾート」である点です。

すでに我が国の財政状況は火の車で破綻寸前。高度経済成長期やバブル期の政治家と言えば、自分の支援者や支援団体にバラマキ政策を行い、増え続ける税収を「再分配」することで権力を得てきたわけですが、今の時代はそういうわけにもいきません。かつては簡単にできた「支援団体の要請に応えて、予算をつける」ということが、国政レベルでは極めて難しい状態になりつつあります。

その点、東京都はどうでしょうか。国が停滞する一方で、4年連続の税収増、日本全国でも突出した財政黒字自治体で、その財政状況はかなり豊かです。都の予算を使えば、支援団体からの要望を政策として実現できる可能性は非常に高い。このため、支援者の陳情・要請は、国会議員よりも都議会議員へと集中していくことになります。この「政策実現能力の差」こそが、都議会議員のプレゼンス（存在価値）を国会議員にも増して高めている大きな要因です。

ちなみに自民党だけではなく、公明党の中でも都議会議員というポジションは非常に格式が高く、都議会議員選挙は国政選挙以上に力を入れ、「候補者全員当選」を目指していると言われています。最大の支援団体である創価学会・学会員が切望する福祉充実を実現するためには、財源が豊かな東京都の政策をハンドリングできる都議会議員というポジションが、何よりも重要になることは容易に想像ができます。

このように、選挙事情や政策実現能力によって都連という組織が力を持ち、それが後に詳述する「都議会のドン」なる強大な存在を生み出した背景となっているのです。

「組織票」や「利権」は本当にあるのか

ところで、ここまで「組織票」や「利権」の話に触れてきましたが、具体的にどのようなものなのでしょうか。権力構造を支えるものとして言及されることが多いのですが、その実態は一般の方にはなかなか知られていないかもしれません。

企業団体や労働組合、あるいは宗教団体などの特定組織から集める票を「組織票」といい、特に都議会議員選挙のような投票率が低い選挙では結果を左右する極めて重要なファクターになります。

組織票の反対概念は「浮動票」で、特定組織に属しておらずどこに投票するか決めていない人や、その都度投票先を決めるという人たちの票のことを指しますが、こうした人たちは話題性が高い選挙のとき以外は投票に行かない傾向があります。都議会議員選挙は後述の「自主解散」の影響で統一地方選挙日程からズレていることから、投票率がさらに低下する傾向にありますので、浮動票はそれほど見込めない選挙という見方が一般的です。

また、組織が候補者・議員に提供できるのは、選挙における票だけではありません。「企業団体献金」という制度を使って政治家に対して多額の献金を行ったり、あるいは現職議員に「顧問」などの名誉職に就任してもらって、毎月顧問料を支払うケースもあります。こうした資金も政治活動・選挙運動のための原資となりますし、当然のことながら資金力が豊かな候補者の方が当選確率は格段に高くなります。

となると、「組織票」と「資金」の両方の側面から、組織の応援体制をいかに固めるかが当選の鍵になるわけです。しかし、そもそも特定組織が社員や構成員などの集票をしたり、金銭的な支援を行うのは、当たり前ですがなんらかの「見返り」を求めてのことです。自分の業界に有利なルールづくりや規制撤廃を求めたり、あるいはもっとダイレクトに公共事業の受注などを期待していることもあるかもしれません。

選挙でこうした特定組織から応援された議員は、当選後に「恩返し」を強いられることになります。それをしなければ、次の選挙でその組織から応援してもらうことができず、落選の危機にさらされる恐れがあるからです。こうして生まれるものが「利権」ということになります。

最近の例では、「都議会のドン」が役員に就任していた会社が、オリンピックや豊洲新市場建設における大口の公共事業を受注していた例などが指摘されています。いったんできてしまった結びつきは切っても切り離すことができず、「選挙の応援」「資金の提供」⇕「恩返し」という利権の温床になっています。

こうした利権のサイクルを断ち切るために企業団体献金の廃止が模索され、その代替のためにできたのが政党助成金だったのですが、結局一部の根強い抵抗によって中途半端な形で企業団体献金が温存されたため、こうした利権構造が今もなお残っているのです〈政治家個人に対する企業団体献金は禁止となったが、政党などの政治団体に対しては可能。つまり、政治家個人が代表を務める政治団体〈政党支部など〉へ献金すれば、事実上その政治家個人へ献金しているのと同じことであり、この規制はまったく意味がないものになっている)。

利権構造は政策決定や予算配分を効率化するための必要悪、と考える人もいますが、私はこのような組織票・組織応援⇕利権という仕組みこそが、国や地方自治体を財政危機においやったしがらみの最たる原因だと思っています。そのため私自身は、「企業団体献金は受け取らない」「選挙における組織的な応援・推薦は受けない」というポリシーを貫いています。

自民党という組織の構造とは

ここまで東京都連が力を持つ権力構造、それを支える組織票や利権といったものを見てきました。ではそもそも、そういったもので構築される(都議会)自民党とは、いかなる組織なのでしょうか。

先に一つの象徴的なエピソードをご紹介したいと思います。件の都知事選挙で小池氏と増田氏が立候補し、いわゆる「保守分裂」の選挙となりました。自民党都連内には政党が推薦を出した増田氏ではなく、小池氏を推すために動きたいという議員や党員も少なからずいたようですが、政党幹部はこのような殺し文句で説得していったそうです。

「小池百合子は仮に知事になっても一瞬だが、自民党は永遠だ」

まさしく、自民党という組織を端的に表している一言ではないでしょうか。

この組織を支えているのは、伝統と歴史です。そして確かな実績があるからこそ、この先数十年と続く確かな未来を予感させる存在になっています。

しかしながら裏を返せばそれは、伝統と慣習を何よりも重んじる、究極的に「保守的な」意思を持つ組織であるということです。期数年齢順（何期も当選している議員や、年齢が上の議員が絶対的に偉い）という仕組みを原則とし、前例にないことを行うのには極めて慎重です。

「都議会自民党の中にも、若手の改革派はいないんですか？」という質問もよく聞かれますが、個人としては改革を志向し、素晴らしい志をお持ちの方も少数ながら存在します。しかしながら、都議会自民党という巨大組織の中で１期生の若手都議が存在感を出すことは極めて困難であり、残念ながら「単なるコマ」に近い存在になっているのが現実です。こうした組織構造ですから、若手の革新的な意見というのはほとんど採用されず、改革に対して消極的な姿勢を堅持しています。

たとえば都議会議員の政務活動費の使い方（次章でも触れます）。毎年この政務活動費の使用用途が公開される時期になると、都議会自民党が「高級すき焼き弁当」（3000円弱）を政務活動費で購入し、食事をしながら会議をしていることが各種メディアで指摘されます。昔のように、民間企業も豊かで、経費で食事をしながら会議をすることが常態化していた時代であれば、こうしたことが許される時期もあったのでしょう。

しかしながら、もはやそのような時代ではありませんし、何よりこの高級弁当を買う原資は企業の経費ではなく都民の税金です。百歩譲ってやむを得ず食事を取りながらの会議になるとしても、飲料と合わせて1000円以下の費用で行うことは十分可能なはずです（それも自腹を切れという話ですが）。

前述のようにこの件は、毎年のように新聞が取り上げて強く批判されます。どうして批判を受けるとわかっていながら、都議会自民党はこの「高級弁当会議」を止めることができないのでしょうか。この問いに対して、都議を4期務めた自民党の松本文明代議士は、「同じ飯を食うという、自民党の『伝統』だから」と、討論番組で堂々と述べられていました。

自分たちの代で止めることはできない。仮にここで止めてしまったとすれば、それまで連綿と続いてきた歴史的行為が「間違いだった」と認めてしまうことになる。だから、先人たちの顔を立てるために、意地でも止められない……。

これが、都議会自民党を貫く精神なのです。

都議会自民党の「内側の論理」とは

このように、都議会自民党は、徹底して「内側の論理」で動いています。

象徴的なのが、小池知事の初登庁の際、都議会自民党が都庁前での「出迎えセレモニー」の出席を拒否した件です。

知事が初当選した直後の登庁では、都議会議長を始めとして各会派の代表者たちが車から降りてくる知事を待ち、握手で出迎えるというのが都議会の「慣習」でした。今回も都知事選挙の結果が出る前の7月末に、都議会各会派に新知事出迎えのセレモニーの案内が行政側の事務方からなされていたのです。

ところが、小池氏が当確した翌日、事務方から「今回は新知事出迎えセレモニーに、都議会議員の出席はなくなりましたので、参加はご遠慮ください」という不可解な連絡が来ることになります。理由を尋ねると、「(私たちを除く)各会派の先生方がどなたも出席なさらないとのことなので、今回は議員の参加はなしで、行政主体のセレモニーを行うことになりました」というのです。

ご存知のとおり、私の会派以外に都議会議員の出迎えはなく、舛添前知事の出迎え対応との違いは極端でした。さらには議長室に挨拶へと出向いた小池知事に対して、川井重勇議長(都議会自民党)は高圧的な態度をとり、こちらも慣例であった手を取り合っての記念撮影を堂々と拒否。こうした様子は繰り返しテレビで報道され、特に議長を有する都議会自民党は強い批判にさらされることになりました。

自分たちが支援した候補者が勝たなかったからといって、民意によって選ばれた都知事を出迎えないことなど、都民・有権者の理解が得られるはずがありません。もちろんこのようなあからさまな無礼な態度を取れば、どのようなことになるか自民党都議たちの中には気づいていた方もいたはずです。

しかしながら、議長も含めてこのような強硬な態度を取らざるをえなかった。これも都議会自民党の「伝統と歴史」がなせるワザと言えます。選挙で激しく争った知事を笑顔で出迎えるようなことをしたら、内部に示しがつかない。都議会議員のＯＢたちからも、何を言われるかわからない……。

都民・有権者などのほうではなく、「内側の論理」で動くのが、都議会自民党の体質なのです。

こうした組織が最大勢力を占め続けてきた東京都議会ですから、「国会以上の伏魔殿」と揶揄され、全国でもまれに見るほど議会改革が進まない有り様になっているのは、ある意味では必然とも言えます。こうした状況を根本的に打破するためには、やはり「選挙」という民主主義のシステムを使って、新陳代謝を加速していくことが、もっとも有効な手段といえるでしょう。

都議会での党の力関係とは

こうした改革に極めて後ろ向きな「体質」を持つ都議会自民党ですが、他党との力関係はどのようになっているのでしょうか。まず都議会の主な会派構成は以下のとおりです（２０１６年12月現在）。

都議会自民党　60議席
都議会公明党　23議席
共産党都議団　17議席
都議会民進党　14議席
民進党都議団（旧・維新）　4議席
生活者ネットワーク　3議席
かがやけTokyo（元・みんなの党）　3議席
その他　3議席
計　127議席

第一会派は言うまでもなく、都議会自民党です。127議席中、過半数に近い60議席という圧倒的な議席を獲得しています。

第二会派は国政でも自民党とタッグを組む友党・都議会公明党です。都政でも基本的に都議会自民党と足並みを揃えていますが、国政ほど自民党にベッタリという関係ではなく、両者の間には微妙な距離感がありました。そのため、2016年末には自民党との連立を解消し、小池都政への協力姿勢を打ち出すようになっています。

実際に「舛添問題」においても、都議会自民党が最後の最後まで舛添知事を守ろうとしたのに対して都議会公明党は、とりわけ支持母体の創価学会婦人部から「舛添降ろし」の声が強くなるにつれて姿勢を変化させ、終盤には積極的に知事不信任案提出を主導しました。そしてこの行動がついに都議会自民党を動かし、全会派一致での知事不信任案の流れを作ることになったのです。

「野党」勢力については、実は都議会では民進党を抑えて、共産党が第三会派になっています。共産党の立ち位置は、基本的に国政と変わりません。自民党・公明党のやることにはことごとく反対しますし、知事提案の議案にも是々非々で臨み、主要な条例案や予算案にもときに反対の姿勢を貫きます。独自の調査力とポジショニングから様々な提案を投げかける姿はまさに「確かな野党」です。その思想信条に対して賛否はあるものの、行動に筋が通っている部分は高い評価を受けることもあります。

第四会派の民進党は、国政で政権を取る直前の2009年、都議会議員選挙でも大旋風を巻き起こし、第一党となりました（当時は民主党）。しかしながら国政同様、民進党が第一党となった都議会はその経験不足と優柔不断から大混乱をきたします。紆余曲折はありましたが、結果として選挙公約で掲げていた「築地移転反対」「新銀行東京の廃止」などの目玉公約は何一つとして実現することができず、都民から強い不信を買うことになります。その結果、2013年の都議会議員選挙ではことごとく民主党議員が落選し、共産党の後塵を拝することになったわけです。

都議会の民進党の立ち位置も、その評価を微妙にさせています。

行動はほとんど自民党そのもの。議案の賛否もほぼすべて自民党と一緒で、知事提出議案にも基本的には賛成。その姿はときに、「第二自民党」とも揶揄されるほどです。独自の対案を出すことも少なく、都議会における民進党の存在感は非常に小さなものになっています。一方で、国政政党ではすでに完全に合体している旧維新勢力といまだに会派が一緒になれないことも、民進党の「わかりづらさ」にさらなる拍車をかけています。

なお余談になりますが、その都議会民進党が共産党とともに鳥越候補に「相乗り」したことは、ほとんどの都議会関係者にとって大きな「？」でした。都議会の行動パターンから見れば、民進党は増田候補に「相乗り」することが自然で、共産党とはどう考えても行動原理が異なるからです。仮に鳥越知事が誕生していたとしたら、都政は大混乱に陥っていたことでしょう。

以上の４会派が、一定数以上の議員が所属している会派（交渉会派）で、主に彼らが意思決定する議会運営委員会や、交渉会派のみが行える代表質問で議会の流れが作られていくことになります。

私が所属する「かがやけＴｏｋｙｏ（２０１７年１月、「都民ファーストの会東京都議団」に改称）」は、みんなの党に所属していた無所属議員たちの寄り合い会派のため、その存在感は非常に小さいのですが、だからこそ、この少数会派のみが応援した都知事が誕生したことは極めて異例であり、また大きな変革の可能性を秘めているとも言えるのです。

「都議会のドン」とはどんな存在か

さて、小池都知事が就任してから、にわかに注目を集めてきたのが、これまで繰り返し述べてきた「都議会のドン」という存在です。

「ドン」とはスペイン語の敬称からきた言葉で、首領・ボスといった意味合いに加えて、影の黒幕といったニュアンスを含みます。表にはなかなか出てこないけれども、強大な権力を持ち、事実上一つの組織を牛耳っている……そんな映画のような話が、と思う方もいたかもしれません。

しかしながら、都議会には実際に「ドン」が存在したからこそ、小池百合子知事が主張した対立構造がこれほどの説得力を持つに至りました。

現在、その「都議会のドン」とされるのが、都議会議員を7期務めている大物都議・内田茂氏です。都議会自民党幹事長や都議会議長、そして自民党東京都連幹事長を歴任し、特に強大な権力を持つと言われる都連幹事長を異例の10年以上にわたって務め続けてきたことは特筆に値します。

彼は都議会では質問に立つことも、表舞台の交渉事に出てくることも一切ありません。しかしながら、「内田茂さんは知っているのか」が合言葉になり、彼を通さずしては物事が何一つ進まないと言われるほど、議会のみならず都政に大きな影響を及ぼしてきました。

都議会のドンをドンたらしめている理由は、その10年以上務めていた「自民党都連幹事長」という役職なのですが、この自民党東京都連の幹事長になるためには、都議会議員の代表者であり最高の名誉職である東京都議会議長を経験する必要があり、議長になるためには都議会自民党の幹事長を経る必要があります。つまり、自民党東京都連の幹事長ポストは名実ともに、すべての都議会議員たちの「トップ・オブ・トップ」にあたるというわけです。

この自民党都連幹事長の最大の特徴は、政治家たちの人事権、つまり公認権を握っていることです。

東京都議会議員選挙は中選挙区制で行われ、北区であれば3人、世田谷区であれば8人と、おおむね人口比率にそって都議会議員が選出されます。この選挙に「自民党公認」として出馬できるかどうかは、文字通り政治家たちの生命線になります。

実のところ、都道府県議会選挙で明確な意思をもって特定の人に投票・応援したことがある人は少ないでしょう。比較的地味な都道府県議会選挙では、政治家個人ではなく、政党名で投票先を選ぶ人が大半ですから、自民党の公認で出馬できるかできないかで、事実上の当落が確定すると言っても過言ではありません。

つまり、自民党都連幹事長である内田氏の眼鏡に叶わなければ、事実上都議会議員を続けることはできないわけですから、すべての（自民党）都議会議員たちは内田氏の影響下に入ることになります。ときの都議会自民党幹事長や議長ですら例外ではなく、むしろ彼らを選ぶのにも内田氏の意向が強く反映されていると言われています。

さらに、その都議会自民党は、一時期（２００９年～２０１３年）を除いて都議会の第一党であり続け、友党の公明党と合わせれば常に最大勢力であり続けました。いかに東京都知事が行政のトップであり、強大な権力を持っていたとしても、議会の議決・承認を得られなければ、重大な政策を通すことはできません。

つまり、都議会のドンの承諾なくしては、都知事ですら何もすることができない……。そしてそのやり取りはすべて、公開されている議会という場ではなく、都民から一切見えないところで「根回し」として行われています。

こうした実態こそが、小池百合子知事が選挙前から一貫して批判し続けてきた、「いつどこで誰が何を決めているのかわからない」都政・都議会のブラックボックス、そして都議会のドンという権力構造の正体なのです。

「ドン」はなぜ生まれてしまうのか

ではなぜ、こうした「ドン」と呼ばれる権力者が生まれたのでしょうか。東京以外の地方議会にも、そして国会の中にも、このように一部の人間に権力が集中し、実力者と呼ばれる政治家が誕生する例はあります。

それはひとえに、「ドン」のような実力者の存在が議会にとっても、また行政サイドにとっても、そして政策実現をしたい業界団体にとっても、極めて合理的な存在だからに他なりません。

複雑な人間関係が絡む中で政策実現をするためには、利害調整という作業を避けて通ることはできません。議員サイドの場合、何かしようと思えば、主要な会派・議員たちに話を通し、それから行政側のしかるべき人物と折衝し、意見を集約しながら現実的な提案をしなければなりません。行政サイドも同様で、新しい施策に取り組むときは、いきなり議会に出すのではなく、主要な議員たちに事前に説明し、一人一人同意をもらわなければなりません。業界団体も陳情（要望提出）したければ、力のありそうな議員を見つけて口説いていく必要があります。

ところがここに、「ドン」のような絶対的権力者がいればどうでしょうか。議員たちからすると、ドンにさえ話を通しておけば、他の議員たちが逆らうことはできないし、行政側にも強い力で働きかけをしてもらえます。行政側からしても、ドンにさえ説明をしておけば「根回し」が済み、いちいち議員たちの承諾を得る必要はありません。業界団体も、要望提出をする相手は明白で、ドンの協力さえ取り付ければ、議会にも行政にも話を通してくれるのだから、これほどラクなことはありません。

このように政治家（議会）・行政・そして業界団体のすべての思惑が一致して、ドンと呼ばれる存在が生み出されてくるのです。

もちろん、それが誰でも良かったわけではないでしょう。実力者と呼ばれる政治家には、人並み外れた人望や包容力、交渉術などがあるものです。都議会のドンである内田氏は、その長い政治キャリアの中で何らかの能力を磨き上げ、周囲から推されて確固たる地位を確立するに至ったのではないでしょうか。

また前項でも少し説明しましたが、ドンが生まれたもう一つの理由としては、都道府県議会議員選挙に特有の「中選挙区制」という選挙制度が考えられます。

一般的に選挙における当落を握るのは、どの政党から公認を得られるかという「看板」、どれだけの資金をつぎ込めるかという「鞄（カバン）」、地元での人脈や強い後援会組織などを指す「地盤」だと言われています。これら選挙に必要な「３バン」はまとめて、「地盤・看板・鞄」というフレーズで呼ばれることで有名です。

原則として一つの選挙区から複数人が当選する中選挙区制は、一定の支持率がある大政党であれば選挙区からは少なくとも一人は当選できる可能性が非常に高い制度です。つまり「看板」こそが最も重要であり、自民党から公認がおりた時点で、政治家としてのキャリアがつながったも同然になるわけです。

一つの選挙区から一人しか当選しない、衆議院議員のような小選挙区制度では、風向きによって結果がどうなるかわかりませんが、都議会議員選挙は国政ほど注目度が高くないため投票率は低く、浮動票の少なさから番狂わせが起きづらいことも、こうした状況に拍車をかけています。

そして前述のとおり、自民党都連の幹事長は選挙における人事権・公認権を握っています。選挙における公認権が強い影響力を持つ選挙制度が採用されている都議会は、絶対的権力者が生まれやすい土壌がもともとあったと言えるのかもしれません。

「ドン」はそんなに恐ろしいのか

「都議会のドンって、そんなに恐ろしいんですか？」

都知事選挙で一躍その存在が有名になってから、非常に多く聞かれる質問です。都議会の中でドンの恐ろしさを表すエピソードには事欠かないと言えるでしょう。決して外見や立ち居振る舞いに威圧的な雰囲気のある方ではありませんが、それでも彼の権力を象徴する出来事には多く遭遇してきました。

私は議員1年目に「警察・消防委員会」という委員会に配属され、都議会のドンこと内田氏とご一緒しました。彼の扱いは、まさしく特別です。文字通り「彼がいないと始まらない」状態で、内田氏の姿がなければ、委員会をスタートさせることができません。なかなか姿を現さなかったときは、ときの都議会自民党の現役幹事長が電話をしながら、走って迎えに行ったほど。その光景に、私は都議会のドンの威光を強く感じたことを今でも覚えています。

そしてこの警察・消防委員会という存在こそが、実はドンの権力を象徴するものになっています。総務委員会や厚生委員会など、東京都議会には9つの常任委員会があり、どこも議員たちは定例会のたびに質問を準備し、長時間にわたって様々な議論が行われます。

ところがドンが所属する警察・消防委員会は、なんと「慣習」として議員が質問することはできないことになっています。議事録を見てもらうと、他の委員会が数時間にわたって開催されている議案審査日に、たったの5分～10分で終了している様子を確認することができます。

一体どうして、このようなことが許されるのでしょうか？

そもそも警察・消防委員会とは、東京都が所管する「警視庁」「東京消防庁」に関する議案や質疑を取り扱う委員会です。ただし、警視庁は都の管轄であるのと同時に、国家機関である警察庁の下部組織でもあり、ゆえにそのトップである警視総監は地方公務員ではなく国家公務員、しかもキャリア試験を突破したスーパーエリートです（東京消防庁は純粋に独自の都の組織であり、消防総監は地方公務員〈東京都職員〉です）。

慣習の表向きの理由は、警察・消防委員会で質問をすると警視総監が霞が関から都庁に出勤しなければならなくなるので、それを避けるためだと言われています。国家公務員だからといって都議会が遠慮しなければならない理由にはならず、この時点で意味不明な話なのですが、ここにはもう一つの闇の側面があります。

様々な犯罪を取り締まる警察ですが、自らが問題や不祥事を起こしたとき、それを取り締まるのは警察を管理監督する権力機構になります。警視庁であれば、その唯一の権力機構は、東京都議会であり警察・消防委員会となるわけです。

ところが、警察・消防委員会では都議会議員たちが警察の追及を一切しない。そのかわりに、警視庁は議員たちに様々な「便宜」を図る。このような関係が成り立っているとしたら、適切なチェック機能が果たせるわけがありません。

それを裏付けるかのように、一昔前まで交通違反等の「もみ消し」が日常的に行われていたという話が、まことしやかに伝えられています。また、議員たちやその周囲の犯罪の追及が甘くなってしまう可能性は大いにありえます。

実際、ドンこと内田氏は2013年、選挙区内の有権者にビール券を配るという悪質な公職選挙法違反を犯したにもかかわらず、逮捕されることもなく書類送検されただけでした。その上に「金額が少額だったから」という理由で不起訴（お咎めなし）という、極めて不可解な処分が行われています。ちなみに公職選挙法の前例では、線香セットを有権者に配った衆議院議員ですら罰金刑・公民権停止処分を受けているのですから、ビール券という事実上の現金配布に「お咎めなし」という判断はどう考えてもおかしなものでしょう。

もちろん不起訴の判断を下したのは検察ではあるものの、これでは都議会（委員会）と公的権力の間に、なんらかの蜜月関係があるかのような疑惑を払拭することはどうしてもできません。

ちなみにこの委員会には、各会派の幹事長・代表クラスや、都議会議長・副議長などが集まっていました。早く終わるのでラクというのもありますが、前述のような警察権力との結びつきがその大きな理由でしょう。

私の場合はたまたま、「ドント式」と呼ばれる割当方法で会派に回ってきた警察・消防委員会のポストに入ったわけですが、当時は私も1年目の議員であり、「慣習」との向き合い方がまだわかっておらず、1年間警察・消防委員会に所属しながら質問ゼロで終わりました。今となっては恥ずべきことだと大いに反省しています。最近では私と同会派の同僚都議が慣習を打ち破って積極的に質問し、孤軍奮闘をして警察・消防委員会の刷新を図っています。

このような「慣習破り」をする議員に対しては、選挙の際に警察からのチェックが非常に厳しくなるという噂もありますが、議員本来の職責として質問・追及をしていく姿が正しいことは言うまでもありません。

「ドン」の権力はどう受け継がれるのか

自民党都連幹事長に10年以上にわたって君臨してきた内田氏ですが、今回の都知事選挙敗戦の責任を取り、２０１６年秋についにその座から退くことになりました。２０１７年７月に行われる都議会選挙においても、本人は出馬せずに引退するのではないかとも言われています。

ではこれで、「都議会のドン」の支配は終了し、都政や都議会は正常化に向かうのでしょうか。残念ながら、そうは簡単にいきそうもありません。

なぜなら都議会にはすでに「2代目・都議会のドン」が存在し、その権力移譲が行われつつあるからです。そしてこの権力移譲は極めてゆがんだ形で行われており、私はその点でも非常に問題があると考えています。

内田氏の後任として自民党都連幹事長に指名されたのは、高島直樹氏です。足立区から選出され、都議会議員は４期目。かねてから内田氏の右腕と目されていた人物で、この人事は多くの人にとって想定されていたことと言えるでしょう。

とはいえ期数やキャリアだけなら、高島都議より上という議員もたくさんいます。そのため彼を「２代目」とするために、都議会の中では異例の事態が発生しました。

というのも、ドンの権力の源泉となる都連幹事長のポストは、都議会で最高の名誉職である都議会議長経験者でなければならないという、暗黙の慣習があります。高齢になり、自身の後継者を早急に作りたかった内田氏は２０１４年10月、任期中の議長を強引に退任させ、高島氏を議長ポストにねじ込んだのです。この不可解な人事には「都議会議長の権威を失墜させるもの」「ポストのたらい回しは許されない」として、都議会自民党・公明党を除くほぼすべての会派が反発し、議長選挙では三分の一近くの棄権票（＝反対票）が投じられる結果となりました。

この問題をより深く理解いただくためには、議長ポストの重みと都議会の歴史をお伝えしたほうがよいでしょう。

まず「議長」について。各地方自治体によってその任期や決め方は異なりますが、東京都議会では「議長は最大会派から、副議長は第二会派から」という暗黙の慣習があり、全会一致によって議長・副議長が選出されます。選挙は立候補制ではない自由記名投票であるものの、事前に大会派が「今回の議長は○○で行きますので、よろしくお願いします」と各会派に調整をして、全会一致で議長を選出するのが、都議会のやり方なわけです（なお、野党〈小会派〉が各々自分たちの代表者を記名することで投票結果が割れる「多数決」方式を取る自治体が、恐らく多数派です）。

そして議長職の任期は、地方自治法上4年間継続できますが、都議会ではその任期は2年と定められております。他の地方議会でも、これはおおむね2年というところが多いようです。

それではなぜ、都議会議長は「全会一致」で決定され、「任期が2年」となったのか。その理由を詳しく見ていくことにしましょう。

この理由を知るためには、都議会の歴史を紐解かなければいけません。実は東京都議会は、１９６５年に一度だけ解散をしています。それも、地方議会史上初の「自主解散」です。都議会議員選挙は統一地方選挙と2年間ずれていて、時期もおおむね6月から7月に行われているのは、このイレギュラーな解散によるものです。

この解散の理由は、議長選挙に絡む大規模な金銭汚職の発覚です。都議会議長選挙における、議員間の多額の金品のやり取りが次々に明るみに出、他の汚職と合わせて最終的には17人もの議員が逮捕・起訴される異常事態となりました。

「たかだか身内の議長選挙で、買収工作をするの？」と疑問に思うのが普通の感覚だと思いますが、当時の東京都議会議長の権力は、今と比べ物にならないほど絶大なものでした。

たとえば「議長交際費」。1965年当時、大卒初任給が2万円超の時代に、議長交際費はなんと3400万円超。東京都の財政規模（予算総額）が6700億円の時代ですから、現在の総予算13兆円に置き換えると、実に6・6億円も議長交際費が使える計算になります。「家が建つ」なんてものではありません。都議会議長はこの大金が「領収書の提出や、使用用途の公開義務なし」で、〝自由に使える〟おカネとして差配できていたのです。

これほどまでに〝オイシイ〟議長のポジションを、当時の最大会派の自民党は、1年ずつ身内で回し続け、「議長」というポジションを利用して、多くの議員たちが斡旋や談合に手を染めていました。彼らは先を争うように利権を貪り、白熱した議長レースは金権選挙にまで発展。それがついに明るみに出たのです。

これに、もちろん都民たちは激怒しました。「舛添問題」でも知事辞任に向けて都民から怒りの声がこれでもかと寄せられましたが、当時もこの金銭スキャンダルがどれほどの社会現象になったかは、想像に難くありません。

実はこの時点では、地方議会には自主的に解散する機能がありませんでした。知事不信任案を提出し、知事が辞職を拒否して議会を解散させるか、住民からのリコールを待つしかありません。世論が激しく自民党を責め立て、リコール運動が巻き起こる中、結局は国政でも与党を取っていた自民党が急遽特例法を国会で成立させ、都議会は政治史上初の「自主解散」に踏み切ります。法改正で、地方議会の解散を可能としたのです。

このとき都議会では、議長というポジションの奪い合いがこの不祥事の温床となったこと、議長選挙の過熱化が金権授受を招いたことを深く自戒し、以後、「議長の任期は必ず2年とし、例外は認めない」「議長職は事前に話し合い、全会一致で選出する」というルールを堅持してきたのです。このルールづくりを主導したのは、当事者であった自民党自身です（「自民党議員はみな議長の有資格者なので、1年交代が良かろうということになったが、今後は第一党が議長の候補者を出して各党と協議し、任期を2年としてまた話し合いで決めるようにしたらどうだろうか」。当時の都議会自民党幹事長・

村田宇之吉氏談。『週刊朝日』1965年都議会特集号より)。

事実、民主党が最大会派だった頃、都合2年以上の任期を議長に務めさせようとした際には民主党に対して、都議会は自民党が中心となって議長不信任案を可決させました。にもかかわらず、今回はその自民党が突然、正式な理由もなく議長を交代させようとしたのですから、都議会の他会派から大きな反発が起こったのは当然のことでした。

昔より格段に少なくなったとはいえ、都議会にはいまだに議長交際費が存在しますし、議長専用の公用車もあります。また、「都議会議長就任記念」と称して政治資金パーティーを開けば、相当な金額を集めることも可能です。こうしたポジションに特別なはからいによってつけてもらったとすれば、その人物は「都議会のドン」の意向を強く受けながら行動せざるを得なくなるでしょう。

前述のとおり、2017年の都議会議員選挙では、78歳と高齢になる内田氏は出馬しないのではないかという話も囁かれています。それでもこのような背景があれば、「2代目・都議会のドン」にその権力が受け継がれ、都議会の構造自体は大きく変わらないかもしれません。個人だけでなくその仕組み自体への抜本的改革が、いま都議会に求められていると言えます。

小池都知事と都議会の関係は

2016年9月、都民のみならず多くの日本国民からの高い関心を継続したまま、小池知事が就任して初めての都議会定例会がスタートしました。

ここでも注目されたのは、小池知事と都議会自民党・自民党都連との関係です。「知事選において、自民党の推薦候補以外＝小池百合子氏を応援したら除名もありえる」という強い態度で臨んだ自民党および自民党都連でしたが、結局のところ圧勝した小池知事を応援した議員を処分することはできず、事実上の「お咎めなし」として決着を見ました。しかしながら、それで対立関係が一件落着したわけではありません。

そもそも小池氏に対して自民党都連が知事選の推薦を出さなかったのは、小池氏が自民党都連にとって「アウトサイダー」であったからだと言えます。先ほども述べたように、自民党都連の権力の源泉の一つに、選挙における「地方組織の下支え」があります。

ところが小池知事はそもそも、兵庫県を地盤として政界で活動していた人物で、小泉純一郎首相による郵政解散の際に「刺客」として東京10区（豊島区・練馬区）に送り出されてきた人物です。そこで小泉劇場の勢いもあって当選した小池氏は、特に初期はそれほど地方議員たちに頼りきらなくても選挙で当選し続け、環境大臣、防衛大臣と要職を歴任してきたのかもしれません。東京都連内で地方議員から国会議員へと上り詰めてきた「叩き上げ」と異なり、そもそも小池氏は都連の権威がそれほど及ばないポジションにいたとも言えます。

こうした存在の小池氏は都連の中でも異質な存在となり、特に当時の都連会長の石原伸晃氏とは犬猿の仲であったようです。

では、こうした都議会と小池百合子知事は、今後どのような関係になっていくのでしょうか。

選挙においてはたった3名の都議会議員（我々です）からしか支持を得なかった小池知事は、議会において自分を支持する「与党勢力」を持っていません。知事が提案する予算案や条例案は、議会の過半数以上の同意を得て可決されなければ成立しませんから、たとえ圧倒的な都民の民意を得て当選した知事とはいえ、その権力基盤は非常に危ういものと言えます。

小池知事が初めて迎えた都議会定例会では、都議会自民党を含めたすべての会派が知事提案におおむね賛成し、順調な滑り出しをしたようにも見えますが、議会が手のひらを返せば小池都政はあっという間に停滞します。それを「都議会のドン」率いる都議会自民党・自民党都連は虎視眈々と狙っている状態です。

他の主要3会派、公明党・共産党・民進党も「小池知事VS都議会自民党」の様子を注視しており、基本的には「勝った方（政策実現能力の高い方）につく」ことになる可能性が高いと思われます。

いずれにせよ、都議会自民党との力関係こそが、小池知事と都議会の関係を決めると言えるでしょう。

ここで重要なのが、2017年7月に行われる都議会議員選挙です。都議会自民党が反発を覚えながらも小池知事にある程度、賛同の姿勢を示さざるを得ないのは、この都議会議員選挙を恐れているからです。

就任直後で圧倒的な支持率を誇る小池知事に対して反旗を翻し、あまりにも反対ばかりすると、どうなるか。世間から「抵抗勢力」のレッテルを貼られ、きたる都議会議員選挙では苦戦を強いられることが予想されます。議席数を大幅に減らし、議員バッジを失うことは、政治家がもっとも恐れる事態です。

では逆に、選挙までは小池知事と歩調を合わせながら無難に議会運営を行い、きたる都議選で再び過半数近い議席を都議会自民党が獲得したら、この力関係はどうなるでしょうか。政治家の権力の源泉は「直近の民意」であると言われています。いくら小池知事が300万近い都民からの支持を獲得したとはいえ、都議会議員選挙が過ぎればそれは過去の話。直近で行われた選挙で「民意に支持された」と判断した都議会議員たちは、一転して強気になり、小池知事の政策提案に対して反旗を翻してくるでしょう。

また「任期の長さ」も重要なポイントです。地方議会には原則として解散はありませんから、4年間という任期を手にした都議たちは、どんなに批判にさらされてもクビになることはありません。こうしたことを背景に、議会の多数派が「反小池知事」で固まってしまえば、小池知事の目指す東京大改革は一歩も前に進めることができなくなってしまいます。

「小池新党」の可能性は

そこでずっと囁かれているのが、「小池新党」の立ち上げというプランです。

２０１７年の都議会議員選挙において、小池知事の改革姿勢を支持する候補者を独自に擁立し、彼らが議席を確保すれば、議会運営の風向きは大いに変わってきます。

もちろん中選挙区制で争う都議会議員選挙で過半数を取るのは現実的には困難とも言われますが、仮に20議席～30議席程度を「小池新党」のメンバーが獲得することができた場合、キャスティングボートを握って議会に対してゆさぶりをかけることが可能です。高い支持率を誇る小池知事が政党を立ち上げれば、他の政党に所属している「改革派」の議員たちが合流してくる可能性もあります。

「新党（政党）」というと国会議員が必要だと思われがちですが、その地域に特化した「地域政党」というものを立ち上げるケースもあり、必ずしも国会議員が必要とは限りません。首長が主導して地域政党を結成し、議会の多数派を占めた例としては「大阪維新の会」（大阪）、「減税日本」（名古屋）などの前例があります。

地域政党を立ち上げるのは単なる政治的な野心ではなく、あくまで議会内に自分を支持する安定勢力を築き、議会運営を掌握して改革を前に進めるための有効な手段なのです。

２０１７年の都議選まで、これからどのような駆け引きが行われるかは未知数ですが、

「小池新党」の立ち上げの可能性は非常に大きく、また都政や都議会の改革を加速させるものとして大いに期待したいところです。

「都議会の闇」はなぜ長年見過ごされてきたのか

この章では主に、「都議会のドン」を始めとする都議会の闇や、悪しき慣習が蔓延する都議会の実態について述べてきました。旧態依然とした状態に驚いた方も多いと思いますが、それではなぜ、このような状況がこれまで見過ごされてきたのでしょうか。

それはズバリ、多くの都民が「知らなかった」からに他なりません。ここまで紹介したエピソードや実態を知っていたという方は、ほとんどいらっしゃらないのではないでしょうか。

猪瀬元知事なども繰り返し、都庁記者クラブの怠慢と癒着を指摘しています。都庁内には記者クラブがあり、都政を専門に取り扱う記者・メディアが常駐していますが、彼らは都議会に厳しいことをほとんど取り上げてきませんでした。都議会の権力者や関係者とは、情報をもらい、うまくやることが求められてきたからです。もちろん、今やすっかり有名人の「都議会のドン」も、これまでは世間に知られず、ニュースバリューが全く低かったために取り上げられなかったという背景もあります。

たとえ報道されても、話題にもならず、影響がほとんど出ませんでした。たとえば前述の、都議会自民党が毎年「高級すき焼き弁当」を政務活動費で購入していることは毎年のように新聞（都内版）で取り上げられますが、なかなか大きな話題にはならず、多くの人が知るところまでは至っていません。

このように「そもそも取り上げられない」「取り上げられたとしても、大きな話題にならない」ことで、都民は身近な議会の問題点に気づくことがほとんどなく、政治家たちもまた、「どうせ有権者は気にしていない」「選挙に影響がない」と高をくくり、これまで自浄作用が働かなかったのです。

また、都議会の「ムラ社会」体質にも大きな理由があります。

メディアが発信しないのであれば、改革派の議員が自ら積極的にこうした実態を問題とし、外に訴え、世論を喚起するという方法もあったはずです。しかしながら、議会の外に向けて積極的な情報発信をする議員は、都議会の中で村八分にされるというのが現実でした。

しかしながら、今や状況は一変しています。小池知事の誕生によって都政はかつてないほどの脚光を浴び、連日のようにテレビ報道が続き、こうした「都議会の闇」にも大きくスポットライトが当てられています。またネットメディアの発達により、私のように都議会の内情を世間に向けて発信する議員も誕生しつつあります。

知事の誕生により、都政は変わります。そしてそのカウンターパートである都議会もまた、変わらざるをえないのです。

来る2017年の都議会議員選挙やその後の動きによって、長年見過ごされてきた「闇」が払拭される日も近いと思います。そして闇が払拭された後に残るものは何か。本当の意味で都民のために働く都議会を作り上げていかなければなりません。

次章からはそんな都議会が、普段は何をしているのか、都政とはそもそも何をするところなのか、こうした実態について詳細にお伝えしていきたいと思います。知らないからこそ身近に感じられない都政・都議会も、知ってみれば面白く感じることもあるかもしれません。何事もまずは「知ること」から変革が始まっていくのです。

第3章　都議会議員の日常

なぜ都議になろうと思ったのか

この章では都議会議員の話をしますが、その前に、少し私自身の話をさせてください。私は自営業で水道工事を営む家に生まれ、親族に政治家や有名人がいるわけでもなく、いわゆる「カネなし・コネなし・知名度なし」の状態から政治の世界に突入しました。

「なぜ国会議員や区市町村議会議員ではなく、都議会議員になったの？」というのは非常によく聞かれる質問の一つです。何の後ろ盾もない人間が政治の世界に挑戦する場合、有力政治家の元で秘書などの実務経験を積んでから小さな自治体で地方議員に出馬するか、最初から国会議員選挙に挑んでいわゆる「風（ブーム）」で運良く当選する、というケースが大半だからです。

私も色々な選択肢を検討しましたが、「政治をもっとも変えられやすいところから変えていきたい」という発想に至りました。そう、東京の政治＝都政は、変革の可能性がもっとも高いのです。

理由の一つは、人口構成です。社会そのものの少子高齢化に加え、若年層の低投票率と高齢者の高投票率が相まって、現状維持を選択しがちな保守高齢者層が意思決定に強い影響力を持ってしまうことは、洋の東西を問わず「シルバーデモクラシー」と呼ばれ問題視されています。とりわけ日本は世界でもっとも少子高齢化が進んだ課題先進国となっており、「どれだけ若者が政治に関心を持って選挙に行ったところで、絶対数の多い高齢者の意見にかなうわけがない」という諦めの声が聴こえることもしばしばあります。

ただし、東京都はこれを払拭する可能性を秘めています。東京都はご存知のとおり、日本でもっとも若者が多い街です。20代と30代を合わせると合計で約33%になり、人口構成比率のボリュームゾーンになります。若年層の投票率が向上し、自分たちの代表者をしっかりと政治の世界に送り出せば、必ず変革を起こすことができるはずです。

さらにもう一つの大きな理由は、財政です。トータル13兆円もの財政規模を誇る東京都ですが、この規模はスウェーデンやインドネシアといった国家と同規模です。これだけの規模を持ちながらプライマリーバランス（財政収支）は黒字を維持しており、ここ数年は税収も堅調に推移しています。つまり東京都は「何かを変えよう！」としたときに、政策的投資を行う財政的な余裕があるということです。

実際に「東京から国を変える、国にできないことを東京からやる」と宣言して国会議員から都知事に転身した石原元都知事も、ディーゼル車規制条例など東京都独自の政策を実現し、それが国の法令に影響を与えるという成果を残しました。人口構成や財政的な余裕から、東京都は「変わりやすい」自治体であり、また首都という影響力から国や周辺自治体を「変えやすい」自治体でもあるということです。

こうしたポテンシャルに期待して都議を目指した私ですが、実際に入った都議会はまさに「伏魔殿」でした。若年層が多いという人口構成を反映していない都議会議員の構成（平均年齢は50歳以上！）や、予想以上に硬直化したシステムの数々にも面食らいました。

それでも都政や都議会に変革の大きな可能性があることには確信があります。課題を整理し、都民の皆さまとともに改革を進めていくことは必ずできるはずですし、都議になったことに対して後悔したことは（今のところは）一度もありません。

どうしたら都議になれるのか

では具体的に、都議会議員になるためにはどうしたら良いのでしょうか。

当然のことながら、「選挙」を勝ち抜く必要があります。ここまでに触れてきたとおり、都議会議員の選挙は国政選挙でお馴染みの、一つの選挙区から一人だけが当選する「小選挙区制」ではなく、一つの選挙区から複数人が当選する「中選挙区制」が採用されています。

東京都全体で42選挙区、127名が定数となっています。選挙区はおおむね自治体ごとに区切られていますが（23区はそのまま23選挙区になっています）、市部や島嶼部などは隣接する自治体をくっつけて合区となっている選挙区もあります。選挙区ごとの定数はおおむね人口比率で決まっており、1名〜8名まで様々です。ちなみに私が出馬した北区では定数が4名（次回からは3名に削減……）となっています。

こうした中選挙区制は「政党選挙」になりがちです。皆さんの中にも地元の都議会議員の名前をパッと挙げられる方は、ほとんどいないのではないでしょうか。都議会議員は国会議員ほど知名度や影響力はない。それでは何を基準に投票先が選ばれるかといえば、やはり多くの場合「所属政党」ということになる。投票所に行って初めてポスターをきちんと見て、自分が支持する政党に所属している候補者に入れるという人が多いのが現実です。また前述のように、統一地方選挙の日程から外れて選挙を行っている都議会議員選挙の投票率はそれほど高いものではないことからも、組織票がものを言う「政党（組織）選挙」になりがちです。

その結果、国政の支持率や組織の大きさによって、ある程度当選者が確定する構造になっているのです。こうした選挙制度や背景を持つ都議会議員選挙ですから、候補者にとっても、もっとも重要なのは所属政党ということになります。

千票単位で当選できる区市町村議会議員選挙と異なり、万単位の得票が必要になる都議会議員選挙では、無所属で当選することは現実的ではありません。実際に2013年の都議選を無所属で勝ち抜いてきたのは127名中たった一人だけで、その方すらも元は政党に所属し組織的支援を受けていたことが大きな当選要因でした。

とはいえ、私のような「カネなし・コネなし・知名度なし」の人間が突然大政党の門戸を叩いたところで、都議選の公認候補などにしてもらえるはずもありません。そこで私は、当時「第三極ブーム」で台頭していた都市型政党・みんなの党からの出馬を模索しました。

もちろん、「しがらみのない政治」や「小さな政府」を目指す党のポリシーに共感したことが最たる理由でもありますが、「ベンチャー政党」であったみんなの党は、その選考過程も可能性に満ちたものであり、論文審査や面接による選考により、希望をしていた地元北区の公認候補となることができました。そして迎えた2013年の都議選、新しい政治への期待を受けた「第三極ブーム」を背景に、なんとか最下位当選で都議会議員の座に滑り込みます。

政党選挙・組織選挙になりがちな都議会議員選挙では、区議会議員や国会議員秘書などの経験者が多く、また年の若い新人や未経験者が当落に絡むことは難しいことから、議員構成に変革が起こりにくい構造になっていますが、2013年のように政局の流れで思わぬ結果が生まれることもあります。

いま盛んに噂されている「小池新党」のような政治勢力が誕生し、来る2017年に都議選を迎えることになれば、そのときこそまた政界に新しい風を吹き込む新人たちを都議会に迎え入れることができるかもしれません。

都議会議員の役割とは

都議会議員たちは一体、何をしているのか。

小池知事誕生によって初めてここまで都政に光が当たったことで、そんな疑問を初めて持った方も多いのではないでしょうか。テレビで話題になる国会や、身近な活動が見える区市町村議会と異なり、「中二階」とも言われる都議会議員の活動や役割は極めて見えづらいのが実情です。

都議会議員の活動内容や役割を知るためには、まず広域自治体（都道府県）である「東京都」の役割と、基礎自治体（区市町村）の役割との違いを知らなければなりません。

行政の仕事にはざっくり言って、広い範囲で行ったほうがいいことと、そうでないことがあります。利用者が広範囲にわたり、その外部にも多く存在することが見込まれる行政サービスは、広域自治体が担ったほうが効率が良い。つまり、基礎自治体と広域自治体は「利用者の存在範囲」によって行政サービスを分担する、と考えるとわかりやすいと思います。

その最たるものが道路や上下水道、建築物などのインフラです。道路や上下水道などは自治体ごとにブチっと切ることはできませんし、こうしたものはなるべく大きな範囲で計画・建設した方が合理的です。

またコンサートホールや商業施設など大型の「ハコモノ」も、利用者が近隣住民だけとは限りません。利用者の利便性を考えても、広範囲に目が届く広域自治体が運営したほうが良いものが多い。

加えて警察・消防なども自治体によって役割は変わらず、範囲を広く取って情報共有したほうが効率も上がりますから、こうしたものも主に広域自治体が管理・運営することになります。

一方で小中学校や保育所など、「通える範囲」が決まっているサービスは、住民との距離が近い基礎自治体の担う職責となります。逆に言えば高校・大学になると、長距離を通うことが可能になるために広域自治体の業務になるわけです。

つまり東京都は、こうした広域都市計画や学校運営、警察・消防事業など広域にわたる行政を司る。それに対するチェックの目を光らせて、予算の審議や政策提言をしていくのが都議会議員の役割になるというわけです。

こうした説明をすると、「基礎自治体の代表者や議員が、都議会議員も兼ねればいいのでは？」という「都議会不要論」を唱える方もいらっしゃいます。しかしながら、こうした意見は都政・都議会のもう一つの役割を見逃しています。それは「全体最適を目指した広域調整」です。

各地域の代表者が議会に集まれば、当然のことながら、自分たちの地域に予算や政策が重点的に配分される主張を行います。そうした我田引水になってしまう状態を防ぐために、首長や区市町村議会とは独立した都議会と、都議会議員という存在が必要なわけです。

しかしながら、これはあくまで教科書的な説明です。前述のように選挙区と自治体の区割がほぼ同じであるため、選挙対策のために地元を駆け回り、地元のための政策実現に邁進してしまう都議が多いのが実情です。その結果、区市町村議会議員たちとの役割分担が不明確になり、不要論が唱えられてしまうのです。

本来は13兆円にも及ぶ予算規模の都政に対して目を光らせ、数字を読み解き、全体最適を考える機能を担っている都議会議員たちが、目先の選挙に必死になり、肝心の政策に関しては都職員と癒着をして任せっぱなし——。こうした状態が長年続いてきたのが都議会の特殊な体質です。しかし、小池知事誕生後の高い注目によって、そこに変化を強いられる可能性があると私は期待しています。

都議にはどんな権限があるのか

そんな都議会議員ですが、持っている権限や権威はやはり強大です（といっても、一昔前のように交通違反を一声でもみ消せたり、保育所や都営住宅に優先的に知り合いの子どもをねじ込んだりといったあからさまなことは、今の時代にはほとんどなくなっていると聞いています）。

都議会議員は知事と同じく有権者に選ばれた民意の代表者として、議会における「議決権」を持っています。都知事や都庁がどんな政策方針を打ち出そうとも、予算や条例案を都議会が過半数以上の賛成で議決をしなければ、それを実行に移すことはできません。これこそが、都議会議員の絶大なる権力の源泉です。

ですので、都職員はとにかく都議会議員にはへりくだった態度で接します。議員になった際、「先生、先生と呼ばれて、あっという間に勘違いするようになるよ」とはよく言われていましたが、実際にそのようなステレオタイプな対応をされ、本当にびっくりしたものです。電話一本で資料を持ってきてくれますし、これでは若手政治家が増長してしまうのも当然だと感じました。

もちろん都職員とて、こうしているのには理由や狙いがあります。熱心に議員をおだてあげ、自分たちに都合が良い情報提供をして、それに対して「よきにはからえ」と言うような議員にしたてておけば、自分たちが政策を通すのに便利な議員の一丁上がりというわけです。

もう一つ、都議会議員の権力の源泉であり、また議会と都庁・都職員の癒着を証明するものとして、東京都の予算編成における「議会復活枠（政党復活枠）」というものがあります。２０１６年11月、小池知事がこの廃止に言及したことで、突如注目を浴びたものです。

各自治体は次年度に向けて、秋から冬にかけて予算を編成していくのですが、東京都の場合、いったん財務局（国で言うところの財務省）が取りまとめた予算に対して、議会・都議会議員たちが「復活予算要望」と称して、２００億円分の政策予算をリクエストして上乗せすることができるという不思議な仕組みがあります。

東京都の予算規模13兆円から考えれば、200億円という金額は小さなものに思えるかもしれませんが、議会側が好きに使える予算が存在するとすれば、様々な利権団体との癒着や駆け引きの温床となるのは当然です。この復活予算枠の建前は、「民意の集約装置としての議会の声を、予算編成に反映させる」と言うものですが、実際のところは都議会自民党を始めとする大政党が自分たちの支援団体に予算をバラまくだけの既得権益と化しています。

たとえば、ある教育振興予算は、ほぼ毎年復活予算として議会からのリクエストで増額されることが慣習化しています。そしてこの教育振興予算の増額を要求している団体は、自民党都議の政治資金パーティーなどに駆けつけて挨拶をする関係です。

復活予算枠を使って力のある団体に予算をつけてやり、その見返りとして団体側は選挙における票や運動員の取りまとめ、あるいは政治資金パーティー券などの購入を行う——そのような関係を構築するために使われている復活予算は、まさに理不尽さのカタマリであり、不透明な権力の温床です。

小池知事が打ち出した復活予算の廃止については、私もかねてから問題提起をしていた点ですので、都政・都議会のブラックボックスがまた一つ消滅したと喜ばしく思っていましたが、改革に反対する議会勢力からは反発の声が上がりました。都民はもとより国民全体がこの制度に呆れているにもかかわらず、議会で堂々と反発する都議会議員たちが、どれほど世間の常識とズレているかよくわかります。

都議同士の関係性とは

42選挙区から選出された127名の都議会議員。選ばれた地域や獲得した票数に違いはあれど、全員が民意を受けて当選してきたのだから、一人一人が互いを尊重し、その地位は平等……というのはもちろん建前で、「都議会ムラ」には厳格な上下関係があります。

都議会自民党についての項でも触れましたが、政治の世界では「期数年齢順」というものが非常に重視されます。当選1期目の議員はペーペー、2期目から中堅どころになり始め、3期目からようやく役職などに就けるようになります。4期以上ともなると「大物」「長老」などと呼ばれるようになり、その影響力はかなり大きなものがあります。

しかしながら、単に期数を重ねれば良いというものではありません。都議会の権力構造は、主としてその半数を占める都議会自民党の権力構造と言って良いかと思いますが、彼らの中には国会と同じように「派閥」があります。大きく分けて、都議会のドンこと内田氏が率いる「主流派」と、それ以外の「非主流派」です。主流派と呼ばれる人たちは3期目あたりから都議会自民党の幹事長や政調会長などの役職に就き始めますが、非主流派と呼ばれる人の中には5期6期と重ねても無役のままの議員もいます。サラリーマン社会同様、「出世コース」のようなものが厳格に存在するようです。

また、「党派（会派）を超えた交流はないの？」「若手の改革派同士で、議論をすれば良いのに」など、議員同士の交流についてもよく聞かれますが、これはなかなか難しい部分です。

政治の世界というのは異なる政党・会派所属の議員同士が行動をともにすれば、「何かをたくらんでいるのでは？」「ついにあいつも○○党入りか」などの噂を立てられてしまうところです。民間での交流会などのイメージより、政界で別の組織の人間が交流することは、かなりハードルが高いと言えるでしょう。

もちろん、議会内で「議員連盟（議連）」と呼ばれる同じ問題意識を持つ議員同士が集まる組織体があったり（防災議連、花粉症対策議連など）、「都議会野球部」といったスポーツ交流組織があるなど、一定の交流はあります。ただ、国会における「議員連盟」が法案提出などを前提として勉強会を開催するなど積極的な活動をしているのに比べると、都議会の議員連盟は年に数度の勉強会・視察を形式的に行う程度に留まっており、議員同士が交流して政策を磨く場としては形骸化しているのではないかと率直に感じています。

ただし、「都議会の異端児」としてほとんどの会派から白い目で見られている私に交流のお声がけがかからないだけで、実際は見えないところで活発なコミュニケーションが取られている可能性もあります。なお、当選直後に他党の議員さんから誘われ、入部の意向を固めていた都議会野球部については、「セクハラやじ問題」が勃発して都議会自民党を相手に全面戦争をしかけた途端、「ちょっと残念ながら……わかるよね?」と入部を拒否された経緯があります。どれだけ心が狭いのだ、都議会議員たちよ!!

都議は普段何をしているのか

「本当に熱心に活動している議員さんはどれくらいいるんですか?」。これもよく聞かれる非常に難しい質問の一つです。

普通の会社と違い、机を並べて仕事をしているわけではありませんから、同僚議員や他の議員の活動は極めて見えづらいのが実情です。それでも私の実感で言えば、「きちんとした議員」は残念ながら半分以下といったところです。

議員の最大の仕事と言えば、議会で登壇して執行機関に対して政策提言などを行う「質問」ですが、期数を重ねた大物ほど議会質問に立たなくなります。また、実際に漢字を読み間違えたり、ありえない読み上げミスを繰り返すために、自分で書かずに会派スタッフや都職員が書いているという噂が絶えず、「果たしてこの人たちは、マトモに仕事をしているのだろうか?」と思ってしまうときが多々あります。

また、ヤジばかり飛ばす議員も散見されます。どうも大きな会派はヤジを飛ばすのも「担当者」が決まっているようで、よく見ると大きな声でヤジを飛ばしているのはだいたい同じ若手議員のメンバーです。期数を重ねた中堅・ベテランの中にも威勢のよいヤジを飛ばす議員はいますが、そうした人たちは畏敬を込めて(?)「ヤジ将軍」というあだ名がついたりします。

しかしながら、ヤジを飛ばすのは議員の仕事ではありませんし、ときに円滑な議事進行の妨げにすらなります。2014年に発生して世間を揺るがした「セクハラやじ問題」などの悪質な例も後を絶たず、そもそも議場においては議長に指名された人間以外は発言することができないため、ヤジは「不規則発言」と言われる禁止行為です。「ヤジは議場の華」などといって、このような状態を放置してきた事実こそが、都議会の旧態依然とした実態と都議会議員たちの人間性をよく表していると言えるでしょう。

一方で、朝から晩まで調査研究のために都庁や都議会議事堂にこもり、また時には現地視察を頻繁に行い、議場では他党の議員も唸るような鋭い質問を連発する「政策通」の議員も少なからず存在します。しかしながら、そうした政策通の議員に共通する最大の弱点は選挙に弱いこと……。素晴らしい政策提言や議会活動をしても、注目度が低い地方議会では必ずしも有権者の評価につながるとは限らず、「あの人が！」という議員ほど選挙で落選してしまったりします。

かたや質問に立たず、議会がない日はまず都庁や都議会議事堂で見かけることもなく、いわゆる「地元まわり」ばかりをしていて票集めをしている議員ほど、地元では「よく顔を見かける」「マメで真面目だ」と評価され、選挙に強いというのが現実です。その結果、都議会に残るのは政策通で都民のために働く議員ではなく、自身の保身のため、選挙のために地元を駆けずり回る議員ということになり、「きちんとした議員」は半分以下という私の実感になるわけです。

こうした状況を変えていくためには、祭りに来たり、神輿を担いだり、冠婚葬祭に出席したりということではなく、議会活動や政策提言がきちんと有権者に理解される環境を整える必要があります。そういった意味でも都議会に注目が集まっている状況は変化のチャンスでもあり、しっかりと有権者に議員たちの行動が見えるようにしていくべきだと思います。

都議はどれほど金があるのか

「都議会議員を、２期８年も務めれば大金持ちだ」なんてことが、まことしやかに言われています。その理由は、額面上は非常に高い都議会議員の議員報酬と、政務活動費の存在です。

なんと都議会議員の議員報酬は年間約１６６０万円と、地方議会の中では最高額です。我が国のサラリーマンの平均所得が年間約４２０万円であることを考えれば、かなりの高給取りと言えるでしょう。加えて、兵庫県の「号泣議員」の事件で一躍有名となった、政治活動に使える「政務活動費」が年間720万円（月60万円）と、日本一の金額が支給されています。合計すれば約2400万円もの大金であり、小池知事が公約通りに知事給与を半減（年間約3000万円→約1500万円）したことも手伝って、その待遇に対して批判の声が非常に大きくなっています。

私自身、都議会議員の待遇・報酬を削減の方向で見直していくことには賛成です。しかしながら、その前に本当に「都議会議員はお金持ちなのか？」という点については、皆さまに理解していただく必要があると思っています。

まず大前提として、都議会議員としてもらう「議員報酬」は、サラリーマンにおける給料ではなく、どちらかというと自営業者の売上に近い性質のものです。どういうことかと言うと、我々議員はこの議員報酬の中から人件費や事務所の維持費、各種政治活動に使う費用を捻出し、余ったものが手元に残る金額になるからです。都議会議員の場合、税金で公設秘書がついたり議員会館にオフィスがもらえる国会議員と異なり、人材や事務所はすべて自前で確保しなければなりません。

このような話をすると、「ちょっと待て、そのために政務活動費があるじゃないか！」

というご指摘が飛んできそうですが、それは半分正しく、半分誤りです。というのも、地方議員が政治活動を行うために地方自治体から支給される政務活動費は、その使用用途には厳しい制限がかけられているからです。

具体例を挙げれば、都議会の場合、秘書の人件費や事務所の家賃などに対して、この政務活動費は半額までしか充てることができません。秘書は都政に関わる調査活動のサポートだけではなく、後援会活動や政党の党務を行う場合もあり、100%都政のために仕事をしているのではないので、都税が原資である政務活動費でその人件費がすべて賄われるのはおかしいという理由からです。とはいえ議員同様、秘書の政治活動の線引きは非常に難しいので、便宜上「半額まで」という規定になっているのです。

事務所も同様の理屈です。都議会議員の事務所は後援会のミーティングを行ったり、東京都とは関係がない陳情を受けることもあるかもしれない。だから光熱費やインターネット代を含めて、充てられる上限は半分までです、と決められている。その他、調査費用や出張旅費、あるいは広報紙の作成費用などについても同様に「都政にどれだけ関わっている部分があるか」で按分されるシステムとなっており、100%使えるものはそれほど多くありません。

極端なことを言えば、都議会議員に支給される政務活動費60万円をきちんとした用途ですべて使い切るには、もう60万円分を自分の報酬から持ち出さなければなりません。都議会議員の報酬は月にならすと約102万円なので、単純計算をするとこの時点で約40万円しか手元に残らない計算になります。

もちろん、いつもすべての政務活動費を使い切るわけではありませんが、やはり細かな支出も含めていくと、都議会議員の「手取り」として、私の場合は月々35万円前後というところです。

この金額は率直に言って、私が外資系サラリーマンであった20代後半の頃とほとんど変わらないか、やや少ないくらいです。サラリーマンと違い、経費も自分で持たなくてはいけない。にもかかわらず年金は厚生年金から国民年金になり、正社員と違ってなんら身分保障がなく、それどころか4年に一度は必ず失職する（！）という極めて不安定な身分になったわけですから、この待遇を良いと感じるかどうかは難しいところです。

とはいえ、額面の高さには問題点も多くあります。手元に残る金額が少ないのはあくまで「真面目に政治活動を行った場合」です。議員報酬を政治活動費に突っ込まず、政務活動費も按分されるような用途には使用せず、秘書も事務所も持たなければ都議会議員の所得はかなり高待遇なものになります。また政務活動費についても、換金性の高い切手の大量購入などが可能であるなど、比較的ルールが厳しい東京都でも「抜け道」が存在します。127名中、どれだけの都議会議員が本当に都民のために熱心に活動しているのかを考えると、年間2400万円という金額には大きな疑問符がつくことも事実です。

また、都議会議員には公務で登庁すると無条件で1日1万円（市部は1万2000円）もらえる「費用弁償」という議員特権が残っています。これは議員が副業であった時代の名残で、本業を休んで議会公務に行くのだから、それによって失われた機会費用を「弁償」するという理由からスタートした制度でした。現在では交通費の意味合いが強くなっていますが、なんと現金払い・非課税で手渡されます。私の場合は都庁まで往復340円しかかかりませんから、9660円が手元に残る計算になります。

現実としては都議会議員を「副業」として行っているものなどほとんどおらず、仮に副業であるなら年間1660万円という議員報酬の金額は明らかに高すぎます。費用弁償はもはや議員特権としか言いようがない制度で、多くの地方議会ではすでに廃止か、交通費の実費支給に切り替えているにもかかわらず、旧態依然として改革の進まない都議会では、この制度はいまだに現存し、しかもその額は日本一となっています。

私は当選前から一貫してこの議員特権を問題視しており、条例提案を含めて何度も議会で廃止を提案していますが、大多数の守旧派議員たちの抵抗で残念ながら改善に至っていません。そのため私は、この費用弁償の受け取りを自主的に断っています（ただ、受取拒否や第三者への寄付・移譲は公職選挙法に抵触するため、法務局に供託し、議員の任期が終わったら慈善団体などに寄付する予定です）。

ただし、繰り返しになりますが、（真面目に活動している）都議会議員の懐事情は決して豊かなものではありません。報酬や政務活動費を削れば、秘書や事務所を手放すなど政治活動に一定の制限がかかり、その活動の量と質が低下することは避けられないでしょう。自分たちの代表者である議員のパワーを奪うことは、あえて大げさに言えば、民主主義の根幹を揺るがすことになるかもしれません。議員の給料を下げろと言うのは簡単ですが、こうしたリスクがあることも、ぜひ議論の前提として知っておいていただきたいと思います。

もちろん、相次ぐ不祥事やブラックボックス批判で都民からの信頼を失っている都議会議員が自ら姿勢を示すことで、改革を進める大きな推進力となることも事実です。

都議に利権や特権はあるのか

小池都政になって大きく都政・都議会にもスポットライトが当たるようになりましたが、他の自治体の地方議員と話していると「いまだにそんなものが残っているの⁉」と驚かれる慣習が、都議会にはいくつもあります。その一つが都議会議員たちの公用車です。

舛添知事が湯河原の別荘に行くために濫用し、都議会議員たちもその使い方を糾弾していた公用車ですが、都議会にもなんと23台の公用車が配備されており、議長車・副議長車に加えて、大会派である自民党・公明党・民進党には「幹事長車」などという特権が用意されています（しかも議長車は、価格が1000万円以上もする「レクサスＬＳ600ｈＬ」という高級車です）。

議員の公用車利用については、色々なご意見があると思います。仕事を効率的に行うためには使ったほうが良い場面もあるでしょうし、一概にすべてが悪だというわけではありません。

しかしながら、タクシー代などの交通費にも充てられる政務活動費が支給される中で、これほど潤沢な公用車が配備されているのはいかがなものでしょうか。他の地方議会でも、景気が良い時代は公用車があったところも多いようですが、いまとなっては費用弁償などと同じく廃止されているところが多数を占めるようです。また、改革派知事であった東国原英夫・宮崎県知事が、就任当時、知事専用車だったトヨタセンチュリーを売却して収益とし、自分自身は職員と共用のハイブリッド車を使ったことが話題になりました。

議員による海外視察もわかりやすい無駄遣いといえます。都議会ではいまだに毎年、一人あたり数百万円もかけた海外視察が行われています。リオ五輪の視察には、都議会議員27名が6200万円もの費用をかけて視察に行く予定となっていることが大きな話題となりました。舛添知事の約5000万円の高額海外出張を舌鋒鋭く批判していた都議会議員たちが、その裏では粛々と高額の海外視察を準備していたのですから、世間から大バッシングが巻き起こったのも当然のことです。

そもそも27名もの議員が、リオ五輪を視察しに行く必要がどこにあったのでしょう。自分たちの財布が痛まないからといって、大挙して地球の裏側まで押しかけるのは、税金の無駄遣いとしか言いようがありません。

さらには、我々の会派を始めとして複数の会派がコストカットを訴えて海外視察を辞退したにもかかわらず、都議会自民党・都議会民進党・民進党都議団（旧・維新）らの大会派がこの「辞退枠」を山分けし、全体の人数を削減しようとしませんでした。

そもそもこうした海外視察が決められる会議体は、非公開の「理事会」です。「都議会にブラックボックスなどない」とある自民党都議が豪語していましたが、このような多額の税金の使いみちがたいてい非公開で行われている。その視察になぜ行く必要があるのか、誰の発案で始まり、誰が賛成してどう決められたのか。五輪視察についても、まったくわからない状態だったわけです。

都議会はなぜ情報公開をしたがらないのか

本章の最後に、なぜ都政・都議会は首都であるにもかかわらず、改革が著しく遅れた「ムラ社会」であるかを考えたいと思います。

東京都議会は早稲田大学マニフェスト研究所が発表している「議会改革度調査ランキ

ング2015」において、47都道府県中35位と低迷しており、またかつて市民オンブズマンが発表していた「情報公開度ランキング」においては、なんと失格（あまりに点数が低すぎてランキング圏外！）という不名誉な評価を受けたこともあります。前述の舛添知事の高額海外出張費問題で明らかになった、「のり弁」とも揶揄された黒塗りの情報公開書類に、驚かれた方も多いのではないでしょうか。

国や多くの地方自治体の行政機関で改革が進んでいく中で、どうして東京都だけが取り残される結果になってしまったのでしょうか。結論から言えば、その豊かな財政ゆえに、行政にも議会にも、また有権者である都民にも危機感を持つ機会がなかったことが最大の理由と言えるでしょう。

「改革先進都市」と言われる自治体ほど、長期にわたる厳しい財政状況が続いています。「必要は発明の母」と言いますが、財政が苦しくなり、増収も見込めず、これはもう税金の使い方を見直すしかない！　となって、どこも行政改革が進むわけです。そうした状況になれば、「一体どこにどのように税金が使われているのか？」「どこかに無駄遣いがあるのではないか？」という有権者からの厳しい目線が注がれ、否が応でも情報公開が進むことになり、そのプロセスの中で様々な無駄が明るみに出、改善されていきます。

もちろん都政の歴史の中で、財政危機に直面した時代もありました。直近では石原都政誕生前夜、東京都は単年度収支で3500億円もの赤字を出し、財政再建団体に転落（民間企業で言うところの破産）寸前にまで陥ったことがあります。しかしながら石原都知事の強力なリーダーシップと行政改革によって財政は持ち直し、今では都道府県で唯一、国から地方交付税を受け取らない「不交付団体」という称号を持っています。プライマリーバランスも黒字で推移しており、税収は2016年現在で4年連続の増収となっています。

結局、東京都は改革に至る前段で財政危機を乗り切れてしまった。都民もなんとなく東京都は「うまくいっている」感じがするので、危機感がない。情報公開を求めない。そうした状況に都庁職員も都議会議員も見事にあぐらをかき、ここまできてしまったのです。

こうしたやり方に慣れてしまった東京都議会は、とにかく余計な情報が外に流れることを極端に嫌います。無駄に都民に情報を与えて議論などが巻き起こってしまったら大変だ、決まったことだけ粛々と知らせておけば良い……と言わんばかりに、とにかく対外的発信に消極的です。

都議会の議会局（事務局のこと）や都議会議員が作る広報誌を、一度でも見たことがあるでしょうか。とにかく無難な内容でつまらない記事のオンパレードです。都民が本当に知りたい情報などほとんどないと言っても過言ではないでしょう。

際どい内容をブログに載せ続けてきた私も、当選当初はとにかく様々なところから圧力をかけられ、風当たりが強い日々を過ごしました。「インターネットとやらで不確かな情報を流している議員がいる」「議会のことは、議会の中で話し合うのが大原則だ」……。ツイッターの画面を過去にいたるまでチェックされ、大量にプリントアウトされ、「これは問題発言だ！」と注意の呼び出しを受けたこともあります。公式・非公式を問わず、何度そのように先輩議員たちから注意を受けたことかわかりません。

とにかく守旧派の都議会議員たちは、都政や都議会の実態が世間に知られることを恐れているように思います。自分たちの利権や慣習にはやましい部分があると薄々感づいているのでしょう。

豊かな財政の元で、都民の危機感や関心の欠如をよいことに、情報を隠蔽する「ムラ社会」の中で、公用車や海外視察などの議員特権を貪ってきた東京都議会。だから国政を始めとして次々と各地の議会・行政が身を切る改革を進める中で、「ラストリゾート」

とも揶揄されているのです。そしてこのラストリゾートに、ついに東京大改革という名のメスが入ろうとしています。小池都政によって関心が集まっている今が、この都議会ムラを抜本的に変えていく最大にして最後のチャンスかもしれません。世論という最大の武器を背景に、改革派議員としてぜひともこの機会を最大化していきたいものです。

第４章　都政のブラックボックス

都の職員とはどんな仕事か

この章では、「都議会」のカウンターパートである「都政」（行政）へと目を移してみましょう。まず、これまでたびたび出てきた「都職員」について。彼らは一体どのような人々なのでしょうか。

都の職員は公務員で、地方上級と呼ばれる公務員試験を突破して採用されます。世間一般的なイメージは、国家公務員のほうが地方公務員より上というものかもしれませんが、東京都職員には必ずしもこの図式は当てはまりません。なにせ地方公務員のトップ・オブ・トップであり、格付があればまさにAランクといえるものです。地方公務員なので、原則として転勤もあまりありません。

こうした背景もあって、国家公務員と重複合格しても、それを蹴って都庁に就職する人もいるほどです。都庁幹部の学歴を見れば、東大や早慶上智といった錚々《そうそう》たる大学名が並び、能力があり優秀な人が非常に多いと言えます。

また、都の豊かな財政を背景に、都職員の待遇・給与はたいへん恵まれていると言えます。職員のトップは副知事ですが、その年収は先に取り上げた都議会議員を上回る約2400万円で、民間企業で言えば取締役クラスです。他の都道府県と比べても恵まれた待遇で、地方公務員の中でもトップクラスと言われています。

しかも、民間企業と違って潰れることはなく、福利厚生はしっかりし、産休も比較的取りやすい。地方への転勤はほとんどないし、職員の数も多いので、マンパワーもある。都議会も年に4回、通常は90日間程度しかない（国会は百数十日もある）ため、激務で転勤も多い国家官僚と比べれば、ずっと働きやすい「ホワイト企業」だといえるでしょう。

そして庁内でも、普通の会社と同じように「出世」があります。その仕組みは、基本的に試験制です。ある程度の勤務年数を重ねると昇級試験を受ける資格を得ることができ、それに合格することで等級（ポジション）が上がり、そして給料も上がります。

とはいえ、都庁内ヒエラルキーのトップである局長級は20人程度しかいないので、誰もが試験を受ければそこまで登りつめられるわけではありません。部長止まり、万年課長のような場合もありますし、あるいは子会社や外郭団体に出向させられて、そこで定年を迎えることもあります。

このように優秀な人々が集まり、またさらに厳しい昇級試験で出世コースを登っていくのですから、都庁職員、とりわけその幹部クラスはスーパーエリートと言っても過言ではないでしょう。にもかかわらず、海外視察や入札案件では杜撰な見積もりを繰り返したり、情報を隠蔽しようとして事態を悪化させたり、築地市場の豊洲への移転問題ではいわゆる「盛土」問題（後述）を引き起こしたりと、都民たちの信頼を得ることができていない側面もあります。

都庁ではどんな職員が出世するのか

もちろん、ニュースで騒がれるような部署ばかりではなく、縁の下の力持ちとして勤勉に働く部署が大半を占めますが、やはり都職員たちの意識や体質にも少なからず問題があると私は考えています。その原因が「年功序列」「減点方式」「前例踏襲主義」の3つです。

都庁に限ったことではありませんが、基本的に公務員組織は「年功序列」を基本としたピラミッドを形成しています。昇級試験も一定の勤務年数が条件になりますから、民間企業のような「若くしてマネージャーに抜擢!」というサプライズ人事はまずありません。その結果、年齢・序列・役職など「上の人間の言うことは絶対」というのが基本的な気質になります。

加えて公務員組織の人事評価は、何か目立った成果を評価するのではなく、基本的に間違いを犯さないことに至上価値を置く「減点方式」です。民間企業と異なり、売上や利益を上げなくてはいけない訳ではないし、行政や手続きという職務の性格上、成功するより失敗しないことのほうが評価されるので、致し方ない面もありますが、「チャレンジしよう」「意欲的な取り組みで業務改善をしよう」などという意識が自然に薄れていってしまいます。

さらにここに、「前例踏襲主義」が追い打ちをかけます。都庁組織は特に、前例を何よりも重んじる体質があるようです。私自身、議員になってから数多くの政策提言をしてきましたが、行政が実施しない多くの理由は「前例がない」ということによるものです。前例がなければ作ればいいのに、先に述べたように公務員組織の評価制度は「減点方式」。新しい取り組みをして成功するよりも、前例に倣って粛々と行い、ミスをしないことのほうが大事になるというわけです。

「上の人の言うことは絶対」「上の人からは、ミスをしないことが評価される」「ミスをしないためには、前例に倣っておくのが一番無難」。こんな3つの条件が重なり合えば、どんなに優秀な人であっても、いずれはダメになってしまうでしょう。

そしてもう一つ、人的な問題点の他に、組織的な課題があります。それが「縦割り」と言われる、連携体制の不備です。

国の官僚機構が財務省、厚生労働省、経済産業省などの省庁に分かれているように、都庁も組織内で財務局、福祉保健局、産業労働局といった具合に部局が分かれています。とはいえ行政の仕事はカバーする領域が多岐にわたりますから、必ずしも一つの部局内だけで完結するものとは限りません。

たとえば少年犯罪。16歳の高校生が犯罪に走り、社会問題化したとします。この場合、まずは一義的に取り締まりを行うのは警視庁です。しかし高校生なので、教育現場に何か不備や改善策がないか確認する場合には教育庁の管轄ですし、18歳以下の養育問題を扱う児童相談所という組織の運営は福祉保健局が行っています。さらに東京都には青少年対策を独自に行う青少年・治安対策本部という組織までありますから、少なくともこの4つの部局にまたがったケースとなります。

ところが、公務員組織というものは、自分たちの職責の範囲内については非常に熱心で詳しいのに、一歩その領域の外に出ると、途端に情報の把握や対応がずさんになります。前述の例でも、警視庁、教育庁、福祉保健局、青少年・治安対策本部がしっかりと情報共有をしながら対策を進めていくべきなのですが、横の部局が何をしているかを知らずに、同じような施策を立ち上げて「二重行政」になってしまっているケースも多々あります。

「こうした都庁の「縦割り」の弊害を象徴しているのが、特にホームページ運営でしょう。普通の企業であれば会社のホームページは一元管理されており、営業部とマーケティング部で違うホームページを運営しているなんてことはまずありません。ところが都庁では、局ごとに独自のページを持っていて、その仕様もデザインもバラバラ。それぞれ別のサーバーと契約し、制作も別々のクライアントに発注しているからです。そのため、ユーザーからしてみれば非常に見づらい上に、個別に発注するための経費も余計にかかっています。

その結果驚くことに、都のホームページ運営の経費は一時、年間3億円以上にも上っていました。こうしたものは部局を超えて一元化して、相手先を一社にして外注すれば経費の大幅な削減が可能になる上に、デザインや仕様にも統一感が生まれます。ところがそれぞれに局長がいて、独自の組織体を持つ各部局の縄張り意識は非常に強く、業務内容が異なるなどの理由で是正されないまま今に至っています。

民間企業でも、営業部と企画部の連携が悪いなどの問題はよく聞かれますが、公務員組織・行政の場合、コスト意識の低さからか、特にこうした組織間の「縦割り」の弊害が強いと言われています。部局外ならまだしも、部局内においてすら、隣のチームが何をやっているかの情報が正確に共有されていない場合があり、それがあの「盛土問題」の原因の一つではないかと考えます。

豊洲新市場は中央卸売市場が担当していたわけですが、組織内でも盛土を行う「土木担当」と、地下に空間を作った「建築担当」が細分化されていて、連携が取れていませんでした。そうした組織体制の中で、市場長は2年のローテーションで次々と代わり、「減点方式」「前例踏襲主義」の中で抜本的な問題解決を図ることができず、誰も責任を取れる状況にありませんでした。

豊洲市場の問題は、こうした都政の人的・組織的な課題が凝縮され、表出した象徴的な出来事の一つだと見ることができます（この問題は第5章でも詳述します）。

都政はなぜ無駄が多いのか

都政の様々な問題が明るみに出るたびに、「どうして都庁はこんなに無駄な金を使っているのか」という怒りの声をいただきます。

膨らむ予算、増える人員、ずさんな経費管理……民間企業であれば考えられないような「経営」がまかり通り、世論や報道という「外圧」があるまで問題視すらされないのはなぜでしょうか。

第一の原因は、都庁のみならず公務員組織・官僚機構すべてに共通する、コスト意識の低さです。

民間企業であれば当然、利益を出さなければ会社が潰れてしまいますから、支出削減には非常にシビアです。いかに無駄を減らして利益率を上げていくかは、最重要課題の一つといっても良いでしょう。その点、公務員組織は、極端に言えば、潰れるということがまずありません。収入は税金として毎年入ってくるし、それで足りなければ公債を発行して賄うこともできます。

さらに言えば、無駄を削って支出を減らしたところで評価されることはなく、それどころか節約して予算を余らせてしまうと、次年度の予算編成で「使わなかったということは、いらなかったってことだよね」と言わんばかりに予算を削られてしまいます。

ここを少し詳しく説明すると、行政の決算の指標に「執行率」というものがあります。執行率とは、予め組まれていた予算がどれだけ使われたかを表す数値です。100億の予算のうち90億を使えば執行率は90％、50億しか使わなければ50％となります。

議会で決算の審議をするときに、議員の多くはこの執行率をチェックしており、予算が余るとなぜ余ったのか追及します。必要だというから予算をつけたのになぜ余ったのか、事業をサボったのか、予算設定が甘かったのか、もともと大した事業じゃなかったのか……。そして追及の末、次年度からは予算を減らそう、ということになりがちです。

本来なら予算を節約して、安く収めたと評価される点であるかもしれないのに、チェックする側は基本的に責める姿勢で追及してくるし、公務員側も責められたくないので萎縮してしまいます。こうして公務員組織には支出削減へのインセンティブが一切働かなくなり、それどころか「年末の道路工事」に象徴されるように、予算を使い切ったり、あるいはより大きな予算の獲得に奔走するようになります。

第二に、公務員組織・官僚機構の膨張体質です。

公務員組織は、予算を削られることを何よりも嫌います。利益などの数字で評価されることのない公務員組織は、「仕事があること」「与えられた仕事をミスなくこなすこと」が存在意義であり、予算が縮小されて仕事がなくなることは、自らのアイデンティティに関わる一大事だからです。このような公務員組織は「仕事のための仕事」「予算を獲得・消化するためだけの仕事」を作り出すようになり、自己膨張を始めていきます。

こうした傾向は、イギリスの官僚組織を研究した政治学者・パーキンソンによって「役人（公務員）の数は、仕事の量とは無関係に増え続ける」と評され、これはパーキンソンの法則として有名です。公務員の数が増えるということはすなわち、予算も比例して増えることを意味します。人を増やすために予算を獲得する、予算が増えればそれを消化するために人が必要になる……この繰り返しです。

巨大公務員組織・官僚機構である都庁も例外ではなく、このパーキンソンの法則が示唆する膨張体質であり、元都庁職員で地方行政の専門家、佐々木信夫教授は、都庁内には「予算をたくさん獲得してくるのが優秀な職員」とされる文化があると指摘しています。ずさんな見積もりは必ずしも能力不足だけから来るものではなく、「多めに予算を獲得しておこう」とする潜在意識が働いているものと判断できます。

予算をたくさん取るだけではなく、新しい事業や外郭団体（行政の仕事を下請けする、半民半官の組織。多くの場合、退職職員を受け入れる天下り先になる）を作ったりしたら、さらなる評価が得られることになります。「この事業をやるためには○○億円です、そして我々がすべてできる規模ではないので、外郭団体を作って外注する必要がありす」ということになれば、予算も取れるし、天下り先のポストが一つ増える。天下り先が一つ増えれば、そのポストにありついた人は退官後の生活も保障される。ここまでやれば、まさに庁内の「英雄」として評価され、出世コースに乗ることは間違いないでしょう。

ただし、こうした論理が都庁内で成り立ってきたのは、やはり財政に余裕があるからです。財政が危機的状況になれば、否応なしにこのような膨張には歯止めをかけざるを得なくなり、コスト意識も高まっていきます。財政危機に瀕する国や、他の多くの自治体では、必要に迫られてそれなりの改革が進んでおり、外郭団体などの増殖もあまり見られなくなっています。ところが東京都ではいまだにこの膨張体質が根強く残り、その象徴である外郭団体の数や天下り人数も全国トップクラスとなっています。

小池知事がいま目指している改革には、こうした都庁の高コスト・膨張体質にメスを入れ、無駄な予算を減らそうという側面もあるでしょう。これに対して、予算と仕事を増やして、外郭団体やポストの数を増やして……という仕事をしてきた人々は、激しい抵抗をしてくることが予想されます。改革とはまさに、既存の構造に依存した既得権益者との闘いなのです。

都職員はなぜ情報を隠したがるのか

第3章まででも触れてきた都の情報閉鎖・隠蔽体質に、ここでは都職員の側の立場からスポットライトを当ててみましょう。

高額海外出張経費の「黒塗り」以外にも、東京都や都職員の閉鎖性を表す例は枚挙にいとまがありません。その一つが「附属機関の非公開」です。

附属機関とは、行政が主催する審議会や協議会などの会議体、いわゆる有識者会議のことを指します。何か公共事業を始めたり、あるいは福祉や教育の施策を新しく作成するときなどに、職員が勝手にゼロから作り上げるわけにはいきません。そこで大学教授などの専門家・有識者やジャーナリスト、あるいは業界団体・市民団体などの当事者で構成される審議会・協議会を開き、そこで意見をまとめて政策を立案していく手法が取られます。まさに行政の意思決定を左右するわけですから、この審議会・協議会という有識者会議は非常に重要です。

ところがこの非常に重要な会議が、東京都の場合、なんと7割もが都民が傍聴できず、マスコミも取材できない「実質非公開」で行われていたのです。

東京都が置く「付属機関」（有識者会議）276団体のうち、審議の全内容が傍聴可能となっているのは74団体（約27％）にとどまることが25日、産経新聞の調べで分かった。全面公開しているという団体は130あったが、うち56は日程などを都民に事前告知せず、事実上傍聴不可能となっていた。「原則公開」と定めた都の内規が〝骨抜き〟となっている実態が浮き彫りになった（2015年10月26日　産経新聞「自治の現場　有識者会議、傍聴可能わずか27％」より）。

なぜ「実質非公開」という言葉を使ったかというと、こちらの記事にあるように「建前としては公開しているけど、会議をやる日程・場所がどこにも告知されていないので、一般人もメディアも見ることが不可能」という状態が横行していたからです。
誰がどう考えてもおかしなことであり、私はこのように日程・場所を告知しなかったある審議会を取り上げて、委員会で追及したことがありました。

——なぜ審議会を公開しなかったのか？

「公開について特段の定めはしてなかったが、非公開としていたわけではない」

——ではなぜ、日程と場所を告知しなかったのか？

「弾力的・機動的な運営を図ることとされていることに鑑み、開催日時や場所等についての広報は実施しない旨、決定した」

——そこまでして見せたくないなら、最初から非公開でやればいいのではないか？　なぜ非公開でやらないのか？

「附属機関（審議会のこと）については、『附属機関等設置運営要綱』等において、非公開の根拠が個人のプライバシー保護・企業秘密保護および法令等による公開禁止以外の場合は、原則公開になっているため」

弾力的とか機動的とかいう小難しい言葉を使っていますが、さらっと恐ろしいことを言っています。要は部外者に見られていると言いたいことも言えなくなったり、余計な茶々を入れられて審議がスムーズに進まなくなるから、誰にも見せないでやりたかったということです。税金で、都民のために行う審議会で、そのような考えが許されるはずがありません。

非公開でやってはダメだということは自覚している。それでも誰にも見せたくないから、日程と場所を告知しないで誰も来られなくした。そんなことが50以上の有識者会議で堂々とまかり通っていて、都議会議員が委員会で質問しても開き直って答弁していたわけですから、都民の感覚からすれば信じられないことです。

都職員たちはなぜここまで有識者会議を都民やメディアから隠したがるのでしょうか。その背景にあるのが前に説明した、「減点方式」や「前例踏襲主義」です。

開かれた場で会議を行い、様々な指摘を受けて課題をあぶり出し、より良い政策にしていくよりも、「御用学者」とも言われる馴染みの有識者たちにお墨付きをもらい、粛々と政策を進めていくほうが職員としての評価は上がります。むしろ公開なんかして、何か問題を指摘されでもしたら目も当てられません。このために都職員はなるべく都民に情報を与えず、決まったことだけをすっと告知するという手法を繰り返し、有識者会議は政策にお墨付きを与えるだけの形骸化したものに成り果ててきました。

言うまでもなく、この状態は健全な民主主義社会を阻害するものです。そして、こんなやり方がまかり通ってきたのは、やはり多くの東京都民には危機感がなく、都政への注目度が低かったことが最大の原因です。

しかし、状況は劇的に変わりつつあります。この「有識者会議の非公開問題」は、舛添都政後期から問題視され、都知事も改善を約束したものの遅々として進まない状態でしたが、小池都政の誕生により改善が図られています。２０１６年11月には都庁内の各部局に「情報公開ポータル」なるサイトがオープンし、すべての有識者会議の日程などが告知されることになりました。

まさに、トップが変われば組織が変わる典型例です。多くの人々の目にさらされることになった有識者会議には緊張感が生まれ、形骸化していたものが生まれ変わり、建設的な議論が行われるかもしれません。こうしたことをきっかけに、過度に情報公開を恐れる都職員の全体意識が変わっていくことを願うばかりです。

都知事の持つ「二つの顔」とは

豊かな財政とは裏腹に、都庁組織や都庁職員が抱える問題点をここまで紹介してきました。「都民ファースト」と「東京大改革」を掲げてこの都庁組織に単独で乗り込んできた小池知事は、快刀乱麻を断つごとく、こうした問題点をバシバシと解決していくことができるのでしょうか。

「都知事は、アメリカで言うところの大統領のようなものなのだから、その絶大な権力でなんとかなるんじゃないの？」と思っている方は多いかもしれません。確かに都知事には、13兆円の予算を差配する予算編成権と、都政に関わる職員の人事権があります。

しかし結論から言えば、一筋縄ではいかない様々なハードルを乗り越えなくてはいけません。予算や条例案については議会の承認が必要であり、また人事にしても副知事や監査役員などの重要なポストは議会の同意が必要であるなど、制度が知事の「独裁」を封じる仕組みになっていることが大きな理由の一つです。

しかしもっと本質的な理由は、知事の持つ「二つの顔」によるものだと言えるでしょう。さて、この「二つの顔」とは一体何でしょうか？

一つ目の顔はもちろん、選挙で選ばれた「政治家」としての顔です。都民の代表者として、都民によって直接選ばれた都知事には、絶大な「民意」の力があります。この力を用いて知事は、都民が納める税金の無駄遣いを厳しくチェックし、諫めていかなければなりません。この役割を疎かにすれば、財政の膨張や行政の怠慢、天下りなどを許すことになってしまいます。そして多くの都民がまさに、こうした活動を知事に期待して票を投じていることでしょう。

その一方で、知事には「行政の長」としての顔があります。東京都の職員は、警察官や教員も含めると約17万人、一般的な行政を担当する職員だけでも1万8000人にも上ります。その頂点に立つのが東京都知事です。会社の社長と同じように、知事は職員たちのリーダーとしてビジョンを示し、ときに褒め、規律を守りながらモチベーションを高く維持し、組織運営をしていく必要があります。

そう、この「二つの顔」は、ときに相反することがあることにお気づきでしょうか。

政治家として組織の問題点を指摘し、「改革」をすれば都民の支持は得られます。豊洲市場移転問題や東京五輪経費膨張問題でも、様々な行政手続きや仕事の進め方、情報公開の不備などを指摘し、ときに責任者に厳しい処分を下す小池知事の姿に、溜飲を下げている方は多くいるのではないでしょうか。

ですがこれは、「行政の長」としてはどうでしょう。都職員たちから見れば、本来であれば自分たちを代表し、守ってくれるはずのトップが自分たちに向けて刃を向けてくるわけですから、その心中は穏やかなものではないでしょう。「改革」の名のもとに職員にあまりにも厳しい処分を下したり、これまでのやり方を全否定することを続ければ、あっという間に行政職員の心は知事から離れ、モチベーションは損なわれていきます。これは組織マネジメントとして、致命的なマイナスになりかねません。

もちろん、「行政の長」でも自分の組織を律することは必要です。ですが、「政治家としての顔」が強くなりすぎるあまりに、過剰なまでに自分の組織を攻撃してしまうと、自分の足元そのものをグラつかせることになります。

政治家としては、問題を追及すれば国民・都民からの支持は集まる。いっぽうで行政の長としては、下の人間から信頼を得なければ、組織を動かせない。このバランスが非常に難しいというわけです。パフォーマンスと実務のバランス、政治家と行政府の長としてのバランス、これをうまく取れるかどうかが、都知事としての力量とも言えます。

話はそれますが、これは実は知事・首長のみならず、内閣の大臣にも当てはまります。財務大臣や経産大臣などの国務大臣は、政治家であると同時に各官公庁のリーダーでもあるからです。

少し昔の話になりますが、民主党で総理大臣も務めた菅直人氏の例を見てみましょう。1996年に厚生大臣となった菅氏は、それまで国が責任を認めてこなかった「薬害エイズ事件」について、厚生省内部を徹底追及し、その責任を初めて認め、謝罪しました。これに対して国民は拍手喝采を送り、国民的人気を獲得した菅氏は民主党の代表などを歴任し、後に総理大臣にまで登りつめたわけですが、当時の厚生省の職員からの評判はあまり芳しくないようです。

それもそのはずで、厚生省の立場から見れば、自分たちの大将に「首を取られて、差し出されてしまった」わけで、その後しばらく厚生省に対する国民からの信頼は地に堕ちることになりました。むしろ今に至るまでも厚生労働省があまり信頼されていないのは、この事件に遠因があると言っても良いのかもしれません。

もちろんこれも、実際に薬害エイズ問題に加担していた厚生省に全面的な非があり、菅氏の行動は基本的に正しかったと思います。しかしながら、行政の長として「組織を守る」という視点が欠けており、一方的に厚生省を「悪」として責め立て過ぎたことに対して、もっと配慮があっても良かったのでは、という指摘が根強く存在します。

内閣改造のたびにコロコロと代わり、平均在任期間がなんと1年未満という国務大臣と異なり、都知事の任期は4年間です（ここ最近はその任期を全うできない人が続いていますが……）。国務大臣よりもさらに「行政の長」としての顔が重要になり、自分たちの組織を守り、育てていくという観点が必要になります。

「ドン」の力がなぜ必要なのか

さてここでもう一度「都議会のドン」の話に戻りたいと思います。都庁の組織論や都職員の意識からも見ても、どうして「都議会のドン」なる権力者が生まれてきてしまったか、またその力がいびつな構造をもたらしているかが、実はよく見えてくるからです。

都知事は都庁という会社の経営者であり、しかも外部から抜擢された経営者です。突然外部から来た経営者に対して、元からいた社員は反発するもの。従来のやり方や内部の論理を変えられることを拒む者もいれば、外部からきた社長なんてそのうち代わるだろうから適当にやり過ごそうと考える者もいる。あるいは社長に取り入って、手のひらで転がそうという者もいるかもしれません。

これに対して、「都議会のドン」とは長らくその会社の顧問を務めている有力者のような存在です。外部から来た経営者は、「改革」の名のもとに、これを始めろ、あれを止めろと言ってくる。そこで抵抗する社員たちは、「なんとかしてもらえないか」と顧問に相談する。顧問は「私に任せたまえ」などと言って、経営者に拙速な改革を止めるよう忠告したり、逆に社員をたしなめたりする役割を担うわけです。

実際のところ「都議会のドン」は、歴代の知事よりはるか前から都政に携わっています。都政や都議会の組織力学を、一番わかっているのも彼です。内部の事情や権力構造も熟知しているし、誰に話を通せばいいかもわかっている。色々なところにコネクションも持っている。

都庁に限らず民間企業などのどんな組織でも、長くいる人、昔からいる人は非常に強いのが常です。知事はころころ変わっても、「都議会のドン」はずっといる。ドンを取り巻く人間もその他の重鎮の顔ぶれも大した変化はないし、ドンが引退しても「2代目」がその役割を継ぐ……。このような状況で、都職員たちはどちらのほうを向いて仕事をするでしょうか。知事よりも、「都議会のドン」の影響力が強くなることは、想像に難くありません。

そもそも都知事は都民の民意によって選挙で選ばれるため、必然的に「二つの顔」のうちの実務者・組織リーダーよりも、政治家としての色が強くなりがちです。かつて権勢を振るった石原知事も、政治家としての色のほうが強く、従来のやり方を指摘してこれはダメだ、あれはダメだと大鉈を振るうことが多くありました。こうした知事の「横暴」(往々にして守旧派から見て、ですが)に待ったをかけることができたのが、「都議会のドン」だったわけです。つまりドンが力を持った理由の一つには、知事を止める力があり、その力を職員たちが頼りにしているからだったと言えるでしょう。

実際、何か困ったことが起きると、都の職員は週に2回しか来ない石原知事ではなく、都議会のドンのところに相談に行ったと言われています。知事は「思いつき」によって突っ走ることが多く、ときに暴言とも言える言葉を漏らし、行政職員を大いに振り回していた。こうした事態に手を焼いたときに、都職員たちは「なんとかしていただけないか」とドンに対処を頼みに行く。するとドンは、「わかった、わかった、俺がなんとかするよ」とばかり対処を引き受け、実際に議会の権力を背景に石原知事に「待った」をかけてくれていたのです。

つまり、知事が政治家の「顔」が強すぎるときには、同じ政治家のドンが歯止めをかけて、行政の長としての「顔」を取り戻させる。これによってドンは都庁職員にも強い影響力を持ち、政策をうまく進めることも止めることもできるようになったというわけです。ある意味ではドンがいるからこそ、うまく物事が回っていた面もあり、「必要悪」と評する人もいます。

なぜドンが力を持ったのか。知事の役割や職員の意識から、こうした背景がわかってくると、都庁の力学も割とクリアに見えてくるのです。

「都政のブラックボックス」はなぜ生まれたか

都庁が企業で、都知事は経営者、都職員たちが社員だとすると、都議会はその外部監査役にあたるはずの存在です。経営を客観的に見ながら、何か問題点があれば軌道修正を促していく役割を担います。

知事には「二つの顔」があり、一方では行政の長でもあることから、あまり組織に厳しいことができない側面があることは、これまで説明してきたとおりです。一方で、同じく都民の民意で選ばれた都議会議員たちには、「政治家の顔」しかありません。良い意味で無責任に、容赦なく行政のやっていることに切り込むことができる立場というわけです。

だからこそ純粋に都民の目線で行政をチェックして、都民のために税金が適切に使われているか管理監督していく使命があります。都民の税金を使う側とチェックする側に分かれて、ある種の緊張関係を持ちながら、議会は「チェック機関」としての役割を果たしていく。これが健全に機能していれば、「ブラックボックス」と呼ばれるような現在の都政にはならなかったはずです。

しかしながら、このチェック機関としての役割が、これまでは十分に果たされてきませんでした。都職員たちは、自分たちのトップである都知事ではなく、「都議会のドン」の意向を受けて政策実現を根回ししていく。すると行政と議会はいつの間にか一体化し、都議会のドンに本来はなかった「行政の長」としての顔ができていくことになります。

悪い言い方をすれば、これは完全に癒着です。外部監査役にあたるはずだった人物がいつしか事実上の社長のように振る舞い、方針を決め、社員もその意志を汲んで動いていたとすれば、監査役が文句をつけるはずもありません。「都政のブラックボックス」が生まれた背景には、こうした権限や指揮系統の不透明さも関係しているのです。

もちろん国政でも、政府と霞が関官僚が蜜月関係にあることは多く見られます。しかしながら、国と地方自治体は制度が根源的に異なります。国会は議院内閣制なので、議会で多数を占める与党の内閣が担い、国会議員が総理大臣という行政の長に就くため、与党が官僚化してしまうのはある意味では仕方のない面があります。そのためのチェック機関として、野党があるわけです（まあ最近は、その野党がほとんど機能していないのですが……）。

一方で地方自治体は「二元代表制」であり、有権者が首長と議会議員をそれぞれ別の選挙で選びます。そのため首長と議員は完全に独立した存在であり、相互に緊張関係を保つことができます。全員がチェック機能として、知事や都庁を監視しなくてはいけない。極端なことを言えば、本来の議会はオール野党でいいくらいなのです。「知事与党」なんて言葉があること自体が、制度上の矛盾と言ってもよいでしょう。

にもかかわらず、特定の政党が応援した候補者が毎回知事に選ばれてきた都政では、まさに知事与党として特定政党が知事や職員と癒着し、チェック機関としての役割を果たしてきませんでした。これが、今ある東京都の根源的な問題であるように思います。

このような話をすると、「じゃあ、仮に知事が作る『小池新党』なんてものができれば、それこそまさに二元代表制の矛盾ではないか！」という指摘が出てくるかもしれません。それは非常に鋭いご意見です。大阪や名古屋ですでに実現したことですが、首長が組織する地域政党が議会で大きな勢力を獲得すると、二元代表制の緊張感が失われるリスクがあります。

一方で、知事による地域政党の存在が可視化されれば、明確な与野党の線引きができるため、有権者が選択をしやすくなり、また違った角度からの緊張感が生まれる可能性があります。つまり、行政運営や議会運営に不満があれば、知事と違うサイドに投票すれば良いということになるからです。

最悪の状態は、あたかも二元代表制を果たしているかのように装いながら、「隠れ知事与党」が行政サイドと癒着していることです。これでは有権者は、現状を変えるためにどんな選択をすればよいか、すなわちどの政党の誰に投票すればよいかが、まったくわからなくなってしまいます。そして、こうした状況が長年の間見過ごされてきた結果が、都政の現状と言えるでしょう。

きたる都議会議員選挙をどのような形で迎えることになるかはわかりませんが、少なくともこれまでのように、「誰に入れたら良いかわからない」「誰に入れてもどうせ変わらない」という形にだけはならないことは断言できそうです。

「小池改革」とは何を変えようとしているのか

さて、小池都政のこれからについて考えてみましょう。いま注目されている小池知事の「改革」や「外部調査」、そして「責任追及」というのは、まさに政治家としての顔の部分です。これについては、知事は今のところ抜群の成果を上げていると言っても良いでしょう。

ここから大事になってくるのが、組織のリーダーとしてのマネジメントです。「二つの顔」を意識しながら、小池知事はどのように都政改革を進めていくのでしょうか。防衛大臣や環境大臣を務めた経験もある小池知事は、そのあたりも十分に意識されているのではないでしょうか。

どんなやり方をするにしても、組織改革に抵抗はつきものです。長く今のやり方で仕事をしてきた人間ほど、新しいチャレンジには反対するからです。また、そもそも都庁も含めて地方自治体や官公庁というのは、選挙のたびにしょっちゅうトップが代わることに馴れきってしまっています。新しいトップがやってきては、新しいことを言い始める。だから毎回外部からくるトップの方針にいちいち従っていては、内部がぐちゃぐちゃになってしまう可能性がある。そこでなるべく変わりたくないという、変化に対する抵抗感みたいなものが、組織の遺伝子に組み込まれているように思います。

かつて行政改革を担当する内閣府特命担当大臣を務めた渡辺喜美氏は、公務員制度改革を進めるにあたって、あえてキャリアの長い部長クラス以上ではなく、課長クラスの比較的キャリアの浅い官僚たちの意見を重用して味方につけて、改革を進めていったと言います。「若手」と呼ばれる構成員ほど改革に対する感度が高いのは、どこの組織でも同じことのようです。

小池知事も就任早々、「都政改革本部」を立ち上げて、自らがその本部長に就任しました。そして外部顧問を次々に指名し、外部有識者によるチームを作って改革に乗り出していています。しかし外部有識者を多く招聘する一方で、知事が第一に掲げたキーワードは「自律改革」でした。

民間企業で例えて見ていきましょう。都庁は会社で、小池知事は経営者、そして顧問による有識者チームは外部コンサルティング会社です。新しく就任した社長が、マッキンゼーのようなコンサルチームを入れて組織改革に着手しました。コンサルチームは財務諸表などの各種データの検証や、社員へのヒアリングを行って企業の問題点を洗い出し、改善策などを検討して経営者にレポートを出します。そして経営者はそれを元に経営判断を行い、改革の方向性を打ち出します。

しかしここから実際の仕事を行うのは誰でしょうか。そう、社員ひとりひとりです。どれだけコンサル会社が適切な問題提起をしても、社長が大声で方向性を指し示しても、社員のマインドが変わらなければ、会社の業績が上向くことはありません。

だからこそ小池知事は、「改革を実際に行うのは、あなた達自身ですよ」というメッセージを強く打ち出すために、「自律改革」を掲げました。通常であれば「改革本部」と名のつくものは、外部の人間が中心になって構成されることが多いですが、たとえば今回の都政改革本部は都職員が中心となり、自分たちで「自律改革プラン」を提出させ、それを検証・実行していくという取り組みを進めています。

このやり方に対しても、「生ぬるい」「自分たちで厳しい改革などどするはずがない」

「外部メンバーが大鉈を振るうべきではないか」という意見があり、それに一理あることは確かです。しかしながら、ここまで述べてきたように、やはり最後は組織の一人一人のマインドが変わらなければ、組織改革はできません。

逆に、選挙で選ばれて突然トップに就任した人が、外部から連れてきたメンバーと一緒に好き勝手な方針を打ち出し、これまで積み上げてきたものを破壊するようなことをすれば、あっと言う間に職員の士気は下がり、組織はガタガタになってしまうでしょう。「あくまで主役は自分たち」というメッセージを自律改革という言葉に込めた小池知事は、こうしたことをよく理解した上で改革に着手していると考えられます。

官僚以上に官僚的、国以上に硬直的と言われる都庁の仕事のやり方に、反発を覚えている若手職員も多く存在します。こうした都庁内にいる「改革派」勢力を味方につけながら、いかに内部から士気高く都庁の変化を促していけるか。ここからまさに、小池知事の手腕が問われていくと言えそうです。

第5章　東京都の大問題

【東京五輪の大問題】① CEOもCFOもいない組織

最後となるこの章では、東京都政が関わる個別の問題を取り上げていきたいと思います。まずは現在の都政を象徴する課題である、2020東京オリンピック・パラリンピック問題から見ていきましょう。

2013年9月、東京五輪の招致が決定し、日本中が歓喜に沸き上がりました。私自身も、都内で開催されたイベント会場で多くの都議会議員や関係者と招致の決定する瞬間に立ち会い、党派を超えて招致決定を飛び上がって喜びあったものです。

しかしながら、当初の「コンパクト・オリンピック」「世界で一番、お金のかからないオリンピック」というコンセプトは、今や完全に崩壊しています。招致時に提出した公式書類である「立候補ファイル」で約7000億円となっていた予算は、今や2兆円とも3兆円とも言われ、オリンピック返上論が囁かれるほどの状態になっています。一体どうして、東京五輪はこのような迷走を続けているのでしょうか。

最大の理由は、意思決定プロセスが決定的に不明確であることです。東京五輪の運営を行っていく組織は主に、開催都市である東京都、国際オリンピック委員会（ＩＯＣ）の国内組織である日本オリンピック委員会（ＪＯＣ）、そして五輪運営のために設立された五輪組織委員会の３つです。この３つの組織に明確な上下関係がなく、関係性が非常に曖昧なまま、意思決定を続けてきました。

たとえば民間企業やサークルなどのグループで、上下関係のない立場が同じメンバーが集って話し合ったら、どのような結論が出るでしょうか。多くの場合、全員の意見を「すべて聞いて積み上げる」か、「すべての間を取った折衷案を採用する」のどちらかになるでしょう。この五輪に関わる３つの組織も同様に、「調整会議」なる会議体で意思決定を図ってきましたが、積み上げ案や折衷案を採用するばかりで、「選択と集中」という当たり前のことが行われてきませんでした。こうした実態をつぶさに調査した都政改革本部の上山信一顧問は、「ＣＥＯもＣＦＯもいない組織」と断言し、非常に大きな問題であることを指摘しています。

この中で特に問題が大きく、情報公開に対して極めて消極的な「ブラックボックス」と言われているのが、森喜朗会長が率いる五輪組織委員会です。五輪組織委員会とは「オリンピック憲章」（オリンピックにおける憲法のようなもの）にもとづき、開催都市

（東京都）と日本オリンピック委員会（ＪＯＣ）がお金を出し合って設立する、半官半民の組織です。具体的な五輪運営や予算計画を立てるのはこの五輪組織委員会が担うわけですが、2兆とも3兆とも言われる予算膨張の疑惑報道が続く中で、五輪組織委員会はその情報公開をずっと拒み続けてきました。その理由として使われてきたのが、「五輪組織委員会は民間組織であり、公金（都民の税金）で運営されているものではない（から、情報公開に応じる義務はない）」という理屈です。

しかしながらこれは、完全に間違ったロジックであると言わざるを得ません。そもそも五輪組織委員会が設立される際に必要となった費用（3億円）は、東京都とＪＯＣが半額ずつ出しています。さらにその後、組織運営を安定化させるために追加で57億円を出捐し、実に出資比率で97・5％を東京都が負担していることになります。

こうした組織は本来であれば「監理団体」と呼ばれ、東京都の指揮管理下に入ることになっています。ところが、五輪組織委員会はその事業内容がＩＯＣとの結びつきが強いことなどを理由に、監理団体より報告義務などがゆるい「報告団体」として例外的に位置づけられてしまいました。

なおこの五輪組織委員会が監理団体にされないという特例措置のもと、正式に設立されたのは２０１４年1月の出来事です。この時期がどういうタイミングだったかというと、２０１３年12月に猪瀬知事がスキャンダルで辞任し、２０１４年2月に舛添知事が就任する間の、まさに「政治的空白期」にあたります。その五輪組織委員会のトップに森喜朗会長が正式に就任したのも、もちろんこのときです。

当時の猪瀬知事は、五輪組織委員会の設立にあたって、そのトップに政治家が就任することには最後まで反対し、利権や癒着を生み出さないためにも民間人を会長にするべきだと強く主張していました。その猪瀬知事が、森元首相による五輪組織委員会会長への就任に対して、反対の声明を明確に打ち出したのが２０１３年秋のこと。そしてその直後に徳洲会事件がリークされ、都議会自民党を始めとする勢力に責め立てられた猪瀬知事は、年末にはスピード辞任するという事態に陥りました。

その後の政治的空白期に、報告団体という「ゆるい」状態での五輪組織委員会設立と、森会長の就任が決まったことは前述のとおりです。

公職選挙法を犯した猪瀬知事の行為を擁護することはできませんが、オリンピックという巨大利権を動かす組織の人事・設立に対し、このような極めて不可解な決定プロセスがあったということを、都民・国民はよく心に留めておく必要があると思います。

【東京五輪の大問題】② 東京都に頼りきりの財源

さらに、「五輪組織委員会は、民間資金で運営されている。当初に都から出してもらったお金も返せるので、都の指示に従う必要はない」という理屈で、森喜朗会長などが監理団体になることに反対。実際、2016年11月に、五輪組織委員会に干渉を強めようとする小池知事に反発した森喜朗会長が、都が出捐した57億円を返還します。

たしかに五輪組織委員会にはスポンサー収入などの民間資金があります。しかし、その金額は最大でも5000億円程度の見込みしかない。国や都が一部を分担するとはいえ、2兆円、3兆円とも言われているオリンピック運営を行うには、どう考えても財源が不足することは明らかです。

では、五輪組織委員会の財源が不足した場合、一体誰が支払うことになるのでしょうか。実はこれも、「立候補ファイル」にしっかりと記載がされています。何を隠そう、東京都が支払う、つまり都民の税金が充てられることになっているのです。実際に立候補ファイルに書いてある文面を見てみましょう。

「大会組織委員会予算についての保証」

東京2020は大会組織委員会の予算が均衡の取れたものであることを強く確信している。

しかし、万が一、大会組織委員会が資金不足に陥った場合は、IOCが大会組織委員会に支払った前払金その他の拠出金のIOCに対する払い戻しを含めて、東京都が補填することを保証する。

また、東京都が補填しきれなかった場合には、最終的に、日本国政府が国内の関係法令に従い、補填する。

東京都は、大会組織委員会予算約3010億円に対し、非常に大規模な財政規模（2012年度の予算で11・8兆円）を有しており、万一の大会組織委員会の資金不足に対しても十分に補填することができる。

（立候補ファイル第1巻6 財政保証より）

すごいことが書いてありますね。組織委員会の予算を上回っても、「東京都は超お金持ちだから大丈夫！」と堂々と書いてあるわけです。こんなコスト意識で組織委員会は運営されているのですから、当然、節約などするはずがありません。

その最たる例が、五輪組織委員会のオフィス家賃です。なんと五輪組織委員会が入っているオフィスビル「虎ノ門ヒルズ」の家賃はひと月4300万円にも上るのです。年間で約5億円、2020年大会まで今後4年間使い続ければ、約20億円もの金額になります。

立候補ファイルで組まれている五輪組織委員会の予算（収入）はわずか3000億、最大でも5000億と言われる中で、開催経費（支出）の見込みは文字通りケタ違いの2兆円〜3兆円。誰がどう見ても赤字になる組織が、どうしてこのような都会の一等地にある「豪華オフィス」を借りているのでしょうか。一般良識で考えれば、モラルが崩壊しているとしか考えられません。

今現在においては公金が入っていないとしても、最終的にこうした赤字の補填を東京都が行うのであるとすれば、東京都からの指示や情報公開の請求を拒むことはできないはずです。むしろ自分たちで赤字を補填しないという無責任な状態が、ここまでの予算膨張を招いている原因ですらあります。

こうした点から考えてもやはり、五輪組織委員会は東京都の下部組織としてその指揮命令下に入り、予算を含む様々な活動をチェックされる必要があると考えます。

【東京五輪の大問題】③　組織委員会会長の無責任体質

「CEOもCFOもいない」という意思決定機構の問題点は、予算の膨張だけに留まりません。新国立競技場の白紙撤回や、盗作疑惑が発覚したエンブレムの作り直しも、責任者不在の「無責任体質」が引き起こしたことです。

建築費の高騰や見通しの甘さによって、当初の倍近くにも費用が膨れ上がったザハ・ハディド氏デザインの新国立競技場（当初案）に対して、国民的議論が巻きおこったときのことを振り返ってみましょう。

五輪組織委会長として旧国立競技場の解体などを推し進めてきた森氏は、説明責任やコスト削減努力などを果たすこともなく、「国がたった2500億円出せなかったのかね」という発言によって国民の怒りを増幅させ、最後は安倍首相が出てきて白紙撤回を宣言せざるを得ない事態を引き起こしました。

関係各所にはかりしれない影響と、ザハ・ハディド事務所に対する約70億円もの違約金という目に見える損害を発生させたにもかかわらず、森会長は引責辞任することなく、いまだにその地位を堅持しています。彼が他人事のような発言をして混乱を助長させたのも、責任の所在が不明確であり、自身が責任を取らされることもなかったからです。

なお余談ですが、ザハ氏の競技場案を白紙撤回することは、実は非常に大きな問題をはらんでいました。２０２０年五輪の招致レースで、最後まで東京と争っていた都市はイスラム教国トルコの都市・イスタンブールです。本来であれば、イスラム系の選考委員はイスタンブールを支持する可能性が高い状況でしたが、「ムスリムでもあるザハ氏が、東京オリンピックのスタジアムをデザインする」「東洋の地で、ムスリムがデザインしたスタジアムが、文化の融合の象徴となる」というストーリーは、非常に魅力的で説得力を持っていました。この一点において、東京開催を支持した選考委員も少なくないと言われています。そういう意味でも、ザハ案の国立競技場を建てるというのは、守るべき国際的な公約だったのです。

だからこそ森会長は、ザハ案をなんとか採用するために、ゼネコンや設計会社に働きかけて現実的な削減プランを作り、費用を圧縮して国民に納得してもらえるような舵取りをしなくてはいけなかったはずです。にもかかわらず、なぜお金が出せないのかと逆ギレしたり、ザハ案をもともと好きじゃなかったとメディアの前で言い放ってしまうなど、甚だ無責任な対応については厳しく断罪せざるを得ません。

こうした無責任体質を改めるためにも、五輪運営を中心的に行う役割を担うにもかかわらず問題だらけである五輪組織委員会を、最終的な財政的責任を負う東京都の下部組織として位置づけ、「東京都＞五輪組織委員会・ＪＯＣ」という組織ピラミッドをしっかりと構築するべきだと言えるでしょう。そして小池知事に対して「勉強不足」「突然やってきた人が、これまでの話し合いを壊そうとした」などと批判を強め、下部組織に入ることを拒んでいる森喜朗会長には、場合によっては勇退していただくことも真剣に考えるべきだと思います。

なにせ、小池知事は都民の民意によって選ばれたリーダーですが、森喜朗会長はそうではありません。しかも、都知事不在の政治的空白期に、摩訶不思議なプロセスを経てそのポジションを得ているのですから、多くの国民・都民が彼の指揮命令に疑問を持つことも当然と言えます。

繰り返しになりますが、五輪組織委員会も森会長も、民主的なプロセスを経ず、しかるべきリーダーが任命したわけでもなく、不透明な経緯で設立・就任したにもかかわらず、恐ろしいほど巨大な権限を持っています。そして情報をほとんど出さず、誰が意思決定したかもわからないまま、色々なことが進められてきたのです。

開催まで4年を切った今、抜本的な責任体制・意思決定体制を刷新しておく最後のチャンスです。小池知事は就任以来、これまで五輪組織委員会しか持っていなかったIOCバッハ会長との直接のパイプを築くなど、パワーバランスの改善に向かって精力的に活動しています。民意の後押しによってこの動きを加速させていくことが、五輪成功に必要不可欠な条件と言えるでしょう。

【築地・豊洲市場移転問題】① 15年以上前から係争のタネだった

小池都政になってから大きな注目を集めているもう一つのトピックが、「築地・豊洲市場移転」問題です。

一大観光地ともなっている中央卸売市場である築地市場が、満を持して豊洲地区に移転するにあたり、土壌汚染対策として行われていたはずの「盛土」が存在しないことが判明。多くの都民やメディアがその安全性を問題視し、連日連夜にわたる報道によって「盛土」は流行語大賞にノミネートされるまでになりました。

実は石原都政の時代から15年以上（！）にわたって係争のタネになってきた築地市場の移転問題。とはいえ、今回の都知事選から初めて都政に興味を持たれた方の中には、まったく事情がわからないという人も少なくないと思います。そこでまず、ここまでの経緯をざっくりと振り返ってみたいと思います。

水産物や青果取引のメッカとも言える築地市場。１９３５（昭和10）年に開設された施設の老朽化は著しく、１９８０年代からすでに安全面・衛生面が疑問視され、改築もしくは移転が急務となっていました。なお、実際に私も行政視察などで何度も訪れたことがありますが、敷地内の建物は昔の映画に出てくるようなレトロな作りで、様々なインフラは目に見えて傷み、このままの状態で将来的に営業を続けるのが困難なことは明白でした。

当初は移転に難色を示し、現地（築地）での改修・改築を模索していた東京都ですが、物理的な要因や莫大な経費、そして何より現場の事業者間の意見調整が折り合わず、現地での改修対応を断念。２００１年、ときの石原知事によって、豊洲への移転計画が初めて策定されます。

ところが、移転候補地となった豊洲に深刻な土壌汚染が存在することが判明し、議論は紛糾。当初より築地からの移転に反対だった共産党や一部の市場関係者らが築地での改修・存続を強く主張します。しかし、土壌汚染への対策を化学的除去や「盛土」などで解決するということで、豊洲に移転する方向へと計画は進み続けました。

ここに颯爽と現れたのが、2009年都議選で第一党へと躍進した都議会民主党です。当時は民主党政権の誕生前夜。直後に「政権交代」を掲げて与党となる民主党は破竹の勢いで、衆院選の直前に行われた都議選では、「築地での改修・改築は可能である！」とぶちあげ、「築地移転反対」を最大の公約の一つに掲げます。多くの都民はその民主党候補を支持し、都議会民主党は54議席を獲得して第一党へと大躍進します。

このとき、同じく築地移転に反対していた共産党・生活者ネットがそれぞれ8議席・2議席を獲得し、築地移転に反対する勢力で議会の過半数を占めることに成功しました（127議席中64議席）。つまり、このとき彼らが本気であったら、築地の豊洲移転は白紙に戻すことすら可能だったはずです。

ところが国政同様、都政でも民主党は迷走を始めます。晴海に仮設市場を作って運営しながら築地を改修する案を検討・提案しようとするも、その莫大なコストや物理的な難しさから計画立案は難航。さらに現行の豊洲移転プランを白紙に戻すためには都政史上稀に見る「知事予算案の否決」を行わなければならず、この決断に踏み切れない都議会民主党は、最終的には自らの提案を撤回し、一転して「土壌汚染対策を万全にした上で、豊洲に移転する」という案に合意することになりました。政権を取った時の民主党が、沖縄基地問題や八ッ場ダムで公約が果たせなかったのとまったく同じように、都政においても民主党政権は公約を反故にしていたわけです。

そして2012年、正式に豊洲市場への移転予算が可決されて、多くの火種を残したまま、築地市場の移転が進められていくことになります。東京五輪に向けて、築地市場を突っ切る道路（環状二号線）の完成が必要なことから、移転日は2016年11月7日と決定されます。しかしながらこの日付は、現場の希望を必ずしも叶えるものではなく、また土壌汚染対策関連の一つである地下水モニタリング調査が終了する前という日程でした。

これに対して新しく誕生した小池知事が「待った！」をかけたことにより、移転が延期されて今に至ります。とりわけ、都民・国民の注目の的となった「盛土問題」への考察を続けていきましょう。

【築地・豊洲市場移転問題】②　盛土問題はなぜ起きたのか

2016年9月10日、小池知事が緊急記者会見を開き、衝撃的なニュースを発表しました。

従来の都の説明によれば、豊洲新市場では土壌汚染対策として地盤「全体」に対して、2メートル分の土を入れ替え、さらに2・5メートルの土を盛ったということでした。ところが実際には卸・仲卸などが営業する建屋の下では盛土による対策はしていなかったことが発覚したのです。これが後々まで続く、いわゆる「盛土問題」のスタートです。

東京都はこれまで、市場関係者への説明会でも、公式ホームページ上でも、また何よりも議会という極めて公的な場においても、「全面に盛土を行い万全の対策を行った」旨を繰り返し述べてきました。この東京都による不正確な説明は、築地市場の豊洲移転に向けて努力してきたすべての関係者と、消極的ながらも「移転やむなし」として容認・協力してきた多くの方々に負の影響を与えるものであり、私自身も強い憤りを隠すことはできません。

たしかに、問題発覚当初から「そもそも盛土の上に建屋を建てるなんて、強度の問題から困難なことだし、建築法に触れる恐れもある」「汚染土壌を削るだけで対策としては十分だし、地下空間を設けたほうが安全性は高い」という主張はありましたし、実際にその後に行われているプロジェクトチームによる検証などでも、盛土がなくても「安全性には問題なし」となる可能性は高まりつつあります。

であれば、都は当初からそのように正確に説明すべきでした。一部にでもこのような不正確な情報が混ざってしまえば、「東京都の言うことは、もうすべて信用できない！」という声が噴出するのも当然です。ここが最大の問題なのです。

ただでさえ移転に不安や疑義が渦巻いていた中で発覚したこの盛土問題に対して、強い批判の声が巻き起こり、この原稿を書いているいま現在（2016年12月）も、完全な疑惑解明には至っていません。

論点は多岐にわたりますが、なぜ外形的には「ある」とされていた盛土が行われず、歴代都知事や市場長などの責任者クラスまでもが「知らなかった」「把握していなかった」という事態が発生してしまったのでしょうか。

一つ目として考えられる理由は、前章でも詳述してきた都庁の「縦割り体質」によるものです。

都の資料を見ると、公式ホームページなどに掲載されている説明図では「盛土」がなされている一方で、技術会議という専門家たちが集まる会議の資料では、建屋の下には盛土が描かれておらず、実態に近いものになっています。つまり都職員の、少なくとも技術職の職員たちの間では間違いなく共有されていたはずの事実が、なぜか事務職の職員たちが扱う広報レベルでは歪んでしまったということです。

こうした技術職と事務職との乖離は、議員の立場からも実感することがありました。「なぜ都議会サイドは、この問題を発見し、指摘できなかったのか?」「都議会議員たちにも責任がある!」などというご意見・ご指摘のとおり、私を含む大半の都議会議員たちがこの事実を把握できていなかったことは、率直にお詫び申し上げなければなりません。ではなぜ我々、都議会議員たちが、盛土の実施状況やその説明資料の誤りに気がつくことができなかったのでしょうか。

都庁職員たちが都議会議員にアレコレと説明することを「議会対応」というのですが、これを行うのは各部署の課長クラス以上と決まっており、そのほとんどが先ほどの区分けで言えば「事務職」にあたります。そしてなんと、この事務職のほぼ全員が、建屋の下にも盛土が行われているものと思い込んでいたのです。

説明する側が間違った思い込みをしているのですから、そこから何度説明を聞いたところで、議員たちは誤った認識しか持てません。もちろん、説明を鵜呑みにせずに専門家とともに図面を検証するなど、今から思えばできることはあったと思います。ですが、説明の大前提から疑うこと、そして当人すら自覚のない嘘を見抜くということは、非常に難しいのもまた事実です。

隣の部署が何をしているのかわからない、情報共有がされないというのが「縦割り」の弊害であると書きましたが、都庁内では同じ部局の中ですら、技術職と事務職間の情報共有がなされていなかったわけです。もはやこれは、縦割り行政の悪癖が極限まで生じた事例と言えるでしょう。

こうした組織的原因に加えて、二つ目の理由として考えられるのが、政治的背景です。これまでの経緯で振り返ったとおり、２００９年に民主党が都議会第一党となったときに、豊洲への移転は白紙撤回も含めて激しい議論が行われました。この際にも移転予定地の土壌汚染が不安視され、徹底した安全性の確保が議会や市場関係者、そして世論からも求められることになりました。議会での攻防はまさしく一進一退であり、豊洲移転はいつひっくり返ってもおかしくない状況下で、安全性確保のために都側が用いた中心的なロジックが「盛土を行うことによって、法で定められた以上の安全対策を行った」というものだったのです。

一方、議会での議論と並行して行われていた専門家による技術者会議や設計事務所との打ち合わせでは、建物下には盛土を行うよりも地下空間を設けたほうが、安全性においてもコスト面においても優位であることが判明します。しかしながら、議会や世論に対して「盛土があるから安全です！」という主張を全面に押し出して移転を進めた以上、今さらその主張を覆すわけにもいかなかったのでしょう。仮にこのタイミングで「盛土なしに工法を変更した」と申し出れば、移転でまとまりかけた都議会の議論が振りだしに戻ることも考えられたからです。こうして、地下空間を提案した技術者たちの計画案は、少なくとも一時的には意図的に隠蔽されていた可能性があります。

とはいえ、隠蔽したままこれほど大規模な事業が進むことは、一般的には考えづらいことです。ところがここに第一の理由である、縦割り行政の弊害が加わります。「盛土なし」の事実を知っていた良識的な職員たちも、「いつか、誰かが言うだろう」「事務職の連中は、タイミングを見て発表するのだろう」と思い込んでいた結果、ごく一部の関係者のみが知るところになった……というのが、事の真相ではないでしょうか。

もちろんこれは、一都議会議員の推察に過ぎません。しかしながら今なお、なぜ盛土が行われなかったのか、本当に歴代の責任者は知らなかったのか、真実のすべてが明らかになったとは言えません。この盛土問題については、二度にわたる報告書が提出され、18人にも及ぶ人間が懲戒処分されましたが、検察関係者によると、こうした巨大組織による不祥事は、その解明に最低でも半年以上の時間をかけて調査を行うことが必要であると言われています。

また、盛土が地下空間へと設計変更された当時の責任者である、石原元知事の去就が注目されており、彼は公的な場で「どこまで把握していたのか」「政治的な意思はどれだけ介在していたのか」について説明責任を果たす必要があります。議会側からの調査・追及も継続しており、盛土問題の真相解明への取り組みはまだまだ続いていきそうです。

そしてこの問題を通じて明らかになった都庁の隠蔽・縦割り体質こそ、これからの小池都政が取り組むべき重要課題の一つと言えるでしょう。

【築地・豊洲市場移転問題】③　豊洲市場の安全宣言は可能か

今後、豊洲市場への移転はどうなるのでしょうか。

小池知事による情報公開によって「盛土」問題を始めとする様々な課題が発見され、「豊洲移転の白紙撤回」「築地市場の存続」を声高に主張する方もおられます。しかしながら、「築地存続」については、当初の石原都政でも、ときの政権与党・民主党時代でも繰り返し検討されてきたことで、その経緯を見ればほとんど実現可能性がないことは明らかであると言えます。

築地市場の存続が事実上不可能ならば、豊洲市場への移転は不可避です。仮に豊洲への移転が中止となれば、すでに約5800億円を投じている費用が雲散霧消し、さらに築地市場跡地の売却益も入らなくなることから、莫大な都民負担が生じることになり、都民の理解を得ることは極めて難しいでしょう。

その一方で、多くのマスコミ報道などによって「豊洲＝危険、汚染」というイメージが醸成されてしまい、移転は困難であるとの見方もあります。たしかにそのハードルは生じてしまいましたが、これは都知事という政治的リーダーによる「安全宣言」で、都民に対して理解を求める他ありません。

幸いなことに、小池知事は都民からの高い支持率を誇ります。専門家会議などで、科学的知見から徹底的に安全性が確認された後、「豊洲市場は安全です、私が保証します。さあ皆さん、ともに豊洲にいきましょう！」と宣言すれば、多くの都民が納得するのではないでしょうか。これこそ、都民によって選ばれた都知事にしかできない役割です。

2016年11月、小池知事は専門家会議などによる安全確認の後、所定の手続きを済ませるとなると、移転は最低でも2017年冬以降になるとの見通しを示しました。ただしこのスケジュールは決して「移転ありき」ではなく、安全性の確認などの後に総合的に判断するとされています。

多くの課題を浮き彫りにした築地市場の豊洲移転問題ですが、いかにこのピンチをチャンスへと変え、決着へと導くか。知事の手腕に注目するとともに、私も都議会議員としての立場からできる限りの後押しをしていきたいと思っています。

【財政の大問題】 黒字なのに借金があるのはなぜか

東京都は財政に余裕がある、だから危機感がないのだ! ということを、ここまで繰り返し述べてきました。しかしながらこれは、あくまで他の地方自治体に比べればというだけのことであって、決して東京都の財政は手放しに賞賛できるほど盤石なものではありません。個別の政策課題を論じる大前提として、ここでは東京都の財政状況を見ていきたいと思います。

東京都の財政予算規模は、公営企業会計を含めて約13兆円。スウェーデンやインドネシアの国家予算に匹敵し、しかもプライマリーバランス(財政収支)は黒字になっており、自他ともに認める日本一財政が豊かな自治体です。しかしその一方で、放漫財政を繰り返した革新都政時代には財政再建団体への転落寸前にもなり、都債(借金)残高はいまだに合計約9兆円にも上ります。

国が証券形式で発行する借入金のことを「国債」と言いますが、地方自治体も同様に地方財政法5条1項に基づいて「地方債」を発行できます。東京都の場合は「都債」と呼び、これらをまとめて「公債」と言います。

「国の借金が１０００兆円！」ということはよく騒がれますが、東京都にも９兆円もの借金があることはほとんど言及されません。皆さんもご存知ない方が多かったでしょう。単年度の収支が黒字だからといって、決して潤沢な財源があるわけではないのです。

さらに、累積で９兆円もの都債が残存しているのみならず、東京都は今も毎年数千億円の公債を発行し続けています。基本的にこうした「借金」は、財政上赤字だから発行すると考えるのが普通だと思いますが、東京都のプライマリーバランス（財政収支）は黒字なのに、無借金で年間の予算を組まずに、都債の発行を続けているのはなぜでしょうか。

それは、「建設公債だから」というのが主な理由です。建設公債とは、建物や橋・道路などを作る公共事業に出資するための公債です。こうした社会的なインフラは、30年、40年と長期にわたって利用することが前提となっています。そのため、「将来世代も使う前提になっているインフラを、今の世代のみの税負担で作ることはおかしい。『負担なき受益』を生み出さないために、将来世代にも平等に負担をしてもらおう」という理論によって、この建設公債の発行が正当化されているのです。

これだけ見ると、建設公債の発行は正しいように思えます。しかし、国の財政法４条を見ても、地方財政法第5条を見ても、あくまで公債は原則「不発行」で済ませるべきものです。但し書きとして建設公債の発行は認められていますが、本来はイレギュラーな存在として位置づけられていました。

その証拠に国では1965年まで国債の不発行を貫き、単年度で財政収支を完全に均衡させていました。このときまでは、「世代間の受益負担一致」などという概念はほとんどなかったわけです。ところが東京オリンピック景気の反動などから収支が悪化し、社会資本整備のために公共事業の重要性が叫ばれだした1966年以後、建設公債の発行は常態化し、「世代間の受益負担一致論」が強調され始めます。

なお、これは「公債の負担転嫁論争」と呼ばれ、古くは18世紀後半のヴォルテールが言及し、その後も世代間の受益負担一致を理由にした公債発行の正当性については様々な議論があり、いまだに学術的な決着を見ていないところです。

以上のように、建設公債はその正当性がいかがわしい上に、赤字公債を発行した時点で、この受益負担一致論は破綻してしまいます。というのも、赤字公債とは文字通り、今使うお金が足りず、その赤字を補塡するために、将来世代に負担を背負わせて返却させるための借金ですから、「負担一致」の概念とはかけ離れたものです。すでに国政においては財政法４条の規律を破って、毎年特例法を可決させることにより、今や１００0兆円にも上る赤字国債を積み上げていることはご案内のとおりです。

今は財政が豊かな東京都も、バブル経済後の財政危機時に赤字都債の一種を発行していいます。ひとたび赤字公債を発行すれば、過去の負担を背負う世代が一時的であれ発生するわけですから、負担一致論はその時点で崩壊することになります。

加えて東京のような地方自治体の場合は、国と違って「人口移動」という特有の問題があります。たとえば２０１６年の「住民基本台帳人口移動報告」のデータで見ると、都道府県間で移動した人口は全人口の約１・８％です。単純計算で10年間これが続くと、人口の１割以上が入れ替わることになります。つまり、「道路や施設を作ったときは、なんら税負担を追わなかったフリーライダー」の存在が必ず一定数存在してしまうのです。逆に建設に着手したときに支払ったのに、その完成を待つことなく別の地域に引っ越してしまった……という人のケースもあるでしょう。これは公平性の観点から著しく不平等です。

さらに、「世代間の公平」をうたうのであれば、道路や施設建設などの公共事業だけでなく、社会保障制度など他の政策にも当てはめなければフェアではありません。今や年金を始めとする社会保障制度は、現役世代にとって著しく不利益であり、「世代間格差」が存在することは自明となっています。たしかに社会保障制度は一義的には国の問題ですが、こうした不公平性を無視したまま、公共政策の公平性を盾に毎年淡々と数千億円もの都債を発行し続けていていいのでしょうか。東京都も2020年頃から確実に人口減少が始まります。今までと同じ負担割合を前提として都債金額を計上していては、人数の少ない将来世代の負担が大きくなるわけです。

こうした点を鑑みても、財政に比較的余裕がある今のうちに、都債は不発行を目指して発行金額を圧縮するべきです。事実、ドイツのように、厳しい財政規律のもと、ついには新規国債発行ゼロを達成して話題になった国もあります。東京都も同様に、「税収の中で予算を組む」「借金で予算を賄わない」、これを大原則とすることが望ましいのではないでしょうか。

なぜなら、一度借金を正当化してしまうと、様々な口実で借金を重ねてしまうからです。ここまで見てきた建設公債の理屈は一見もっともらしいですが、同じような理屈でなんでも借金ができてしまう。一度借金で予算を組むと、それがどんどん癖になってしまう。結局いまの国の予算のように、赤字国債を垂れ流し、借金ありきの歳出になってしまう恐れがあります。

１０００兆円もの借金を重ねてしまった国と同じ過ちを、東京都が繰り返すわけにはいきません。２０２０年頃から人口減少が始まると予測されている東京都ですが、今ならまだ財政健全化への道筋をつけることは難しくありません。決して豊かではない財政状況を認識し、今からしっかりと是正していくことが重要だと言えるでしょう。

余談ですが、東京都は都債の発行で借金を重ねる一方で、基金という形で多額の「貯金」をしています。たとえば２０１５年度は、消費税の増税や堅調な法人税収を受けて、様々な名目で「基金」として約２８００億円のお金を積み立てています。これは、「借金をして投資をしなければ、なかなか経済は成長しない」「人生でも、住宅ローンを組みながら生命保険を積み立てる人がいる。都債と基金はそれと同じこと」などの考え方に基づいたものです。

たしかに将来世代に貯蓄を回すことは個人的にも良いことだと考えますが、理屈を言えば、現役世代が払った税金を将来世代に優遇するという、別の意味での不公平性が成り立ってしまいます。一方では借金をしながら、その一方では貯金をしておく。ブレーキを踏みながらアクセルを踏む。これは行動的にも理論的にも、財政のダブルスタンダードであり、徐々に改善に向かうのが望ましいと言えるでしょう。

【都庁の大問題】「天下り」のラストリゾートを潰せ

退職後や退職間際の官僚・役人たちが、国などの行政が大半を出資している組織（外郭団体）に再就職し、高額の給与や退職金をせしめる、いわゆる「天下り」。これは霞が関に勤める、高級官僚たちの専売特許のように思っている方が多いかもしれませんが、ところがどっこい、地方行政、特に東京都庁にもこの天下り問題が歴然と存在しています。今後は財政逼迫も予想されている都政においては、早い段階でこうした課題を解決しておく必要があります。

外郭団体とは、地方自治体などの官公庁の外部組織ではあるものの、その大半は官公庁から出資を受けて成り立ち、官公庁の補助的な業務を請け負う団体のことです。東京都では出資比率の高い外郭団体のことを「監理団体」と呼称し、江戸東京博物館などを運営する東京都歴史文化財団、都営住宅を運営する東京都住宅供給公社など33の監理団体があります。

しかしながらこの監理団体は、「民間企業で対応可能な業務をわざわざ受注させる意味とは？」「都政のためでなく、自らが存在するために業務を作っているのでは？」など、存在意義そのものへの疑問が根強く残っていることに加え、退職した都庁職員ＯＢが大量に「天下り」することが問題視されてきました。

その実態を、具体的な数字（平成28年度総務委員会での答弁に基づく）で見ていきましょう。まず33の監理団体には76名の理事（幹部クラス）が存在するのですが、なんとその約７割にあたる51名が都庁職員のＯＢです。あの豊洲市場の「盛土」問題で責任を取らされた職員のうち２名も、退職後はこれらの監理団体に再就職をしていました。そして過去５年間で退職した「課長クラス以上」の都庁職員８６９名については、そのうちの約２割にあたる１６６名が監理団体に再就職をしています。

「一切の斡旋などは行っておらず、有意な人材が登用されただけ」という建前にはなっておりますが、それにしても還暦を過ぎた人材がこれほど再就職できる状況は不自然だと思わざるを得ません。さすがに最近では法令が厳しくなり、退職金を「二重取り」することは不可能になりましたが、退職時の給与が保障されたまま、定年後から年金受給年齢まで身分が保障されるのですから、十分に魅力的なボーナスと言えます。

さらに監理団体に横流しされるのは、退職ＯＢという人材だけではありません。こうした監理団体の多くは、都立公園などの施設運営を指定管理者として受注することで成り立っています。この指定管理者制度は、本来は競争入札を行って民間企業からも応募をつのり、幅広く選択肢を検討しなければなりませんが、都の場合１９８件中１３８件で特命での指定（決め打ちでの発注）が行われており、さらにそのうち85件については都の監理団体が指定を受けているのです。件数で言えば全体の約６割、指定管理料の金額ベースではなんと９割を占めています。民間団体でも運営可能な事案が含まれていたり、競争すら行われない特命で指定が行われたりするこの実態は、極めて不自然と言わざるを得ないでしょう。

このように業務と予算を監理団体につけ、そこに天下りポジションを作り出すことは、まさに国家官僚たちがかつて頻繁に使ってきた手法に他なりません。緊迫した財政状況から、国や他の地方自治体では監理団体・外郭団体の整理や改革が進んできましたが、「ラストリゾート」と言われる東京都にはいまだにこの構造が温存されています。

この問題を解決する方法は非常にシンプルです。「民間でできることは民間で」の大原則のもと、不要な外郭団体は整理解散し、都の仕事もできるかぎり民間企業に発注していく仕組みを整えることです。

とはいえ、この改革には非常に強い抵抗が予想されます。なにせ都職員からすれば、これまで「事業の安定性のために必要」「市場原理にさらされない半官組織が行うべき」などと理由付けをして、苦労をして監理団体とそのための仕事を作り出し、自分たちの既得権益としてきたわけですから、おいそれと手放すことはできません。

都知事には、都職員たちのリーダーとして、彼らのモチベーションを高く保つ必要がありますから、歴代知事もこの問題には軽々に手を触れることができませんでした。かつて行政改革を断行した初期石原都政でも、監理団体改革までは踏み込むことができず、むしろ行政改革プランの名の下で削減された職員たちが、監理団体に付け替えられるということも行われており、まさにこの天下り問題は歴代都知事たちが「積み下ろし損ねた荷物」となってきたわけです。

しかしながら、都職員たちのリーダーとして振る舞うことと、既得権益と癒着してそれを温存することは本来まったくの別物です。この問題に対しては、知事は「政治家の顔」をいかんなく発揮し、都民の代表者として税金の無駄遣いを減らすために改革に着手することが望まれます。民間企業の退職者たちが自力で再就職先を探したり、リタイアした自営業者が国民年金のみで老後の生活を計画する中、共済年金という恵まれた社会保障がある公務員たちに対して、退職後の再就職先の面倒を見る必要はありません。

東京大改革を進める小池都政においては、将来的にこうした「天下り」を含む公務員たちの人事制度についても、聖域なき改革が行われていくことが期待されます。

【育児政策の大問題】保育園幻想から脱却せよ

待機児童問題といえば、東京都がぶっちぎりで全国ワースト1位の数値をたたき出しており、都政の大きな課題の一つです。２０１６年は「保育園落ちた日本死ね」という匿名ブログがネットを飛び越えて社会現象を巻き起こし、ついには国会を揺るがして流行語大賞にまでノミネートされました。

選挙のときは政治家たちが口を揃えて「待機児童問題に取り組みます！」「保育所を増やします！」と叫びますが、一向に解決の糸口が見えてきません。いったい全体、どうしたことでしょうか。

保育業界は、こんな二つの商品が流通している業界だと言えます。

A：質が良くて、リスクは小さい。なおかつ、値段は安い。

B：質が悪くて、リスクは大きい。なのに、値段は高い。

当然皆さんは「Bなんて売れるわけないじゃん！　誰が買うんだよ」と思われるでしょう。でも、そんな業界が日本や東京の保育業界なのです。

我が国の保育の歪みは、その制度設計（税投入のされ方）にあります。日本の保育政策はもっぱら施設（認可保育所）をつくることのみに集中してきました。認可の保育所には広い園庭も、十分な数の保育士もいます。これに希望者全員が入れるなら、とても良いことです。

ところが現実には数が足りず、やむなく認可外の保育施設に入ったり、ベビーシッターなどを頼む人が出てしまいます。しかもこうした他の保育インフラは、一般的には認可保育所に比べて設備や人員面で見劣りします。さらに、認可保育所に入れるかは、本人の希望ではなく、行政側による一方的な審査で決められてしまいます。

こうして同じ自治体に暮らし、同じように納税しているのに、
・質がよく、安全で保育料も安いインフラを利用できる方
・質が劣り、（比較的）安全面が不安で、保育料も高いインフラを利用せざるを得な

い方
という具合に二極化することになります。

これは極めておかしな状態です。普通は逆で、良いものは高く、悪いものはそのぶん安い。こういった市場原理がまったく働かず、運よく認可に入れた人のみが利益を享受しているのが日本の保育福祉の現状と言えます。加えて、保護者のライフスタイルによって（夜間勤務など）、既存の認可保育所の枠内で保育できない児童については、そもそも保育サービスの対象外になります。

結局、認可保育所の抽選に漏れた、もしくは最初から条件的に利用することができない保護者は、高いコストやリスクを背負うことになったり、預ける先が見つからずにキャリアを失ったりして、「日本死ね」と叫ばざるを得ない事態に追い込まれることになります。

それでは東京都はこの問題解決のために、どのようなアプローチをしていく必要があるのでしょうか。

第一に、保育所・保育園だけで解決するという発想からの脱却が必要になります。ただでさえ土地が高く少ない東京都で保育所を増設するには、非常に高いコストがかかり、保育所というハコモノだけでこの問題を解決することは極めて難しいと言わざるを得ません。

また、将来的には人口減少に向かっていくことが確実なので、どれだけ国や広域自治体が補助を出して促しても、実施主体である基礎自治体（区市町村）がこれから保育所を新設しようとする動きは非常に鈍くなることが予想されますし、実際に鈍いです。ハコモノはいったん作ってしまうと、その後のランニングコストや後処理が非常に大変ですから、こうした方向性となるのも無理はありません。

つまり、保育所はコストが非常に高いため、基礎自治体はそもそもその新設には及び腰な上に、世論に押されて一定数の保育所を整備したとしても、潜在需要をすべて満たすことは難しいので、待機児童はなかなか減りません。結果、基礎自治体の財源が圧迫されるだけで、保育園の新設にはさらに消極的になってしまいます。このように、現状の保育所による待機児童解決アプローチは完全に「負のスパイラル」に陥っていると言えます。

こうした悪循環を断ち切るためには、小規模保育や派遣型保育、ベビーシッターの活用に舵を切ることが有効です。小規模保育は猪瀬知事時代に一定の補助スキームが確立されましたが、派遣型保育、ベビーシッターに対しては未だにほとんど行政の補助がなく、基礎自治体が独自に行なっていることはあっても、東京都はほぼ無策でした。

しかし利用者のニーズに合わせて自宅で保育を行うシステムであれば、需要次第で供給が調整できるので、今後の少子化にも機動的に対応できます。これは私が当選前から主張していることですが、フランスなどではベビーシッターが保育の中心で、保育所というハコモノに預けられている子どもはごくわずかです。

もちろんこの方向性に舵を切るためには、「ベビーシッターなんて危険！　公立の施設が安心・安全」「見ず知らずの他人に自分の子どもを預けるなんて」という世論（偏見）を乗り越えていかなければなりませんが、その点の普及啓発も含めて都政が率先して努力していくべきでしょう。若い子育て世代はだいぶこうした偏見からは脱却しているように思えます。

では具体的にどのように施策を展開していくべきかというと、保育所をつくる、運営するために出している補助金を、利用者側に転換していくだけなのです。補助金を供給側（施設）から需要側（利用者）へ――こうした政策を「子育てバウチャーの導入」と言います。一から新たな財源を作りだす必要はありません。

前述のように認可保育所というのは、本来利用者が負担すべき金額を行政が施設側に補助するから安く使えているわけで、保育園に入れない人たちはこの恩恵に預かれませんから、見方によってはこれほど不公平な制度はないわけです。「保育園落ちた日本死ね」ブログの中でも、「保育園増やせないなら児童手当20万にしろよ」という一文がありましたが、保育・子育て関連のみに使えるバウチャー（クーポン券みたいなもの）を、子育て世帯に一律で給付すれば良いのです。保育所に行かせたい人はそのバウチャーを保育料に使えばいいし、ベビーシッターを利用する人はシッター代に充てることで、誰もが安価に保育サービスにたどり着くことができます。

バウチャー利用を見込んで、新規の保育事業者の民間参入も加速するでしょうし、利用できる事業者を登録制や認可制にすれば、不安視されているベビーシッターの質を担保し、高める効果も期待できます。バウチャー導入は待機児童問題を解決するとともに、共働きで高額納税している人ほどなぜか保育園に入れないという「受益と負担」の不公平を是正することにもつながるのです。

というわけで、匿名ブログ記事の筆者の主な主張は「もっと保育所をつくれ!!」ということだったのですが、もう一つの解決策としては「行政が保育所をつくるのはほどほどにして、その分を利用者に配れ！」という方向が考えられるのではないかと思います。

また、全体的に子育て世帯、子どもたちに対する投資額が、わが国は先進国にあるまじき低さであることこそ諸悪の根源です。オジサン政治家たちは口先ばかりで、この問題に本腰を入れませんので、次世代の政治家や世論が声を大にして突き動かしていく必要があります。そして若年層・子育て世代がもっとも多く、比較的財政が豊かな東京都だからこそ、こうした政策に大胆な投資ができる可能性が高いと言えます。

バウチャー制度の導入を唱える政治家・議員はまだそれほど多くありませんが、この理念の普及とともに、議会での政策提言も粘り強く続けていこうと考えています。

【福祉政策の大問題】シルバーパスに効果はない？

子育て支援など、将来世代や子どもたちにより予算をかけて手厚く取り組もうとすることは、同時に何かを削らなければならないということでもあります。

「無駄を削れば財源はある」「議員や公務員の給料を減らせば良い」という聞こえの良い言葉を使う政治家や評論家もいますが、それで増大し続ける社会保障費用が賄えるほど問題は甘くありません。高度経済成長期が終わり、低成長時代に入った今、「あれもやります！　これも実現します！」という政治が不可能となったことは明白です。特に福祉政策・社会保障政策で大事なのは、将来を見据えた、持続可能な制度設計を行っていくことだと言えます。

ところが政治家というのは、制度を始めたり予算をつけたりすることは得意でも、「何かを削る」ということが非常に苦手です。もちろん、その最たる理由は選挙があること。民主主義で行われる選挙では、やはり自分たちのために「何かをしてくれる」政治家に票を投じたいと思うのが人情でしょう。逆に「将来世代のために、痛みをともなってもこの政策は廃止します！」などという政治家には、残念ながら票が集まらないのが現状です。

こうした状況を、ノーベル経済学賞も受賞した著名な学者であるブキャナンは、「民主主義国家はとかく赤字を膨らませがちだ」と喝破しました。政治家は選挙に勝ちたいから、国民に人気のある政策ばかりをやりたがり、人気のないコストカットには手をつけない。国民は福祉の充実を望み、なおかつ増税を嫌がる。だから多くの場合赤字になってしまうというわけです。

こうした罠にハマり、医療費や年金などのカットに手を出すことができず、ずるずると見事に借金大国になってしまったのが今の日本です。しかしながら都政はまだ、国の二の舞いになる前に、舵を切れる段階にあります。将来世代への投資は充実させていく一方で、過分とも言える政策はカットしていかなければなりません。

例えばその一つに、東京都全域で使える「シルバーパス」を取り上げてみましょう。シルバーパスとは、一定の年齢（70歳など）を越えた高齢者の方々に行政から安価で支給され、公共交通機関とそれに準じる乗り物が乗り放題になるという制度です。

「シルバーパス」「敬老パス」などというと、なんだか高齢者にフレンドリーなイメージがありますし、所得のなくなった高齢者の家計を助けたり、引きこもりがちな高齢者の外出を促して健康を維持できると〝されている〟ので、当事者に人気が高いのはもちろんのこと、それ以外の人もあまりこの制度を悪く言う人はいないのが実情です。しかし結論から申しますと、この制度は非合理的で財政負担が大きく、見直しや改善を行う余地があります。

東京都のシルバーパス制度について、もう少し詳しく紹介しておきましょう。これは高度経済成長期の終盤となる１９７３年から、無料乗車券↓敬老乗車券↓老人パス↓シルバーパスと名称を変えながら、現在まで続く高齢者への社会保障政策です。都営交通のすべてと、都内を走る多くの民間バス路線が「パスを見せるだけで乗り放題」となります。支給対象は寝たきり状態を除く70歳以上の都内在住者で、２０１４年度の数値では発行枚数は約95万枚です。

これを発行するために東京バス協会に対して、東京都が「補助交付金」として払う金額はおよそ１７０億円に及んでいます。高齢化を反映して発行枚数は年々増え続け、この財政負担は今後も毎年３～５億円ずつ上昇する見込みです。さすがに２０００年度から発行が有償となり、所得額に応じて１０００円または2万５１０円の自己負担が求められるようになりました（とはいえ、高齢者の多くは所得がありませんので、およそ９割のシルバーパス取得者が１０００円のみの負担でこちらを入手しています）。

東京都もまた、このシルバーパス事業を「高齢者の社会参加を助長し、福祉の向上を図ることが目的」としています。無料で外出できるので引きこもりがちな老人が外に出るようになり、人と話したり歩いたりするので健康になり、さらには経済も活性化する……ということなのです。しかし残念ながら、その「社会参加の助長」「福祉の向上」なるその効果は一切証明されていません。政治家も含めて多くの人が信じているのですが、これらを証明したデータや調査は現状、ほぼ存在しないと言ってよい状態です。

加えて、なぜ「高齢者」だけを「交通」で優遇するのか、その理屈も釈然としません。高齢という理由でハンバーガーがタダで食べられるようになったら誰もがオカシイと感じるはずなのに、こと交通機関の補助に関しては違和感なく受け入れられています。健康寿命が飛躍的に伸びた現在、元気でまだまだお金もある高齢者の数も劇的に増えている中で、こうした「富める高齢者」にまで一律1000円でシルバーパスを支給してしまうことは、過剰な福祉ではないでしょうか。

一方で、年齢は若くても経済的に困窮し、交通機関を使って外出もままならないという人々が沢山います。経済効果の極めて不透明な交通補助を、高齢者に限って行うということは、人気取りのための「バラマキ政策」との誹りを逃れられません。

それでも、シルバーパス事業のような福祉事業は一度始めてしまうと「既得権益化」し、非常に見直すのが困難なもの。「高齢者いじめだ！」「貧しいお年寄りを見殺しにするのか！」の大合唱が聞こえてきます。

これだけ高齢者が選挙における中心的な存在になっているわが国では、シルバーパス制度の矛盾や負担に薄々気が付きながらも、政治家たちはその改善を主張するのに及び腰です。あの突破力を誇る橋下徹・前大阪市長すらも、当初は敬老パスの「廃止」を主張していましたが、そのあまりの抵抗の大きさから「1回あたり50円負担」という緩和措置に舵を切らざるをえなかったことが、それを何よりも裏付けています。

そこで私が主張しているのは、まずシルバーパスをスイカのように「IC化」し、データを蓄積することで、その効果をきちんと測定することです。現在は磁気式で運用されているシルバーパスですが、これをIC化すれば利用状況をすべて記録することができます。これによって高齢者の行動範囲が可視化され、医療カルテのデータなどと組み合わせれば、「外出頻度（パス使用頻度）が高い高齢者は、医療にかかる頻度が少ない」あるいは「まったく関連性はない」などの定量的なデータを算出することができます。

またICカード化を進めておけば、今後「1回あたり○円」など利用頻度に応じた自己負担を導入する際にも、機動的な対応が可能です。

現在の「老人が可哀想」という感情論ではなく、財政負担額とともに定量的なデータに基づく議論を行うべきです。拙速な「廃止」ということが難しくても、見直し・改善に向けた対応を進めていく必要があります。

福祉というのは必要な人に過不足なく届けられるのが理想であり、また資産などしかるべき能力のある方には一定のご負担をお願いしなければ、制度を維持することはできません。高齢の当事者でも、財政に大きな負担を及ぼし、そのツケは将来世代や子どもたちに回っていくことを丁寧に伝えると、理解を示してくださる方も多くいらっしゃいます。

シルバーパスは都政の膨大な福祉政策の一端ですが、過分な福祉となっていることは他にもまだまだ存在します。高度経済成長期に作られた「バラマキ政策」を見直し、真に社会のために必要な福祉政策へと財源を転換していくことが、今後の日本社会にも、また都政にも強く求められているのです。

おわりに

２０１７年1月、私は所属していた都議会会派「かがやけＴｏｋｙｏ」の両角みのる、上田令子両都議と共に「都民ファーストの会東京都議団」を結成し、同時に地域政党としての活動を始めることを発表しました。これは事実上の「小池新党」発足とも言えるもので、２０１７年7月の都議会議員選挙に向けて、ますます政治の流れはスピードアップしていくことでしょう。小池百合子知事が標榜する「東京大改革」が前進するのか停滞するのかは、まさにこれから迎える都議会議員選挙にかかっているといっても過言ではありません。

しかしながら、仮にこの選挙で議会の過半数を改革勢力が制したとしても、その後に待ち受ける道は決して平坦なものではありません。

就任半年を経てなお高い支持率を誇る小池知事に、既存政党のほぼすべてがそれにすり寄り、利用するべくうごめいています。政治理念も政策も異なる政治勢力たちをコントロールし、いかに東京大改革という方向に一致させていくか。

また、目下のところ最大の都政課題の一つである豊洲新市場問題についても、暫定値ながら2017年1月に飲料水環境基準値の79倍におよぶベンゼンなどが検出されたことで、ますます決着に向けた舵取りが難しくなりました。このような諸課題において、小池知事も、また私たち都議会も、厳しくその手腕が問われていくことになります。

本書では、都議会や都議会議員のみならず、都知事の職責やその下で働く都庁職員たち、また都政課題についても詳細に、できるだけわかりやすい解説を試みました。本書を読み通していただいた皆さまには、それぞれの立場で、それぞれの思惑に沿って動く「役者」たちの中で政策課題を解決していくことが、どれほど困難なものかおわかりいただけたのではないかと思います。ともすれば改革は、あっさりと止まって雲散霧消してしまうかもしれません。

しかしながら、その鍵を握っているのは、実は都民・国民の皆さんです。有権者の高い関心ほど、政治を動かしていくエネルギーとなるものはありません。あの舛添問題も、世間からの高い注目がなければ、都議会の中で有耶無耶にされていた可能性があったことは、本書の中で触れたとおりです。光が当たるからこそ、関心が集まるからこそ、政治家たちは「約束を守らなければ」「改革を進めなければ」と危機感を覚え、政治が前へ前へと進んでいくのです。

そして関心を維持するためには、何よりも情報公開が欠かせません。政治家・議員の仕事は、一義的にはもちろん法律や条例をつくって政策を実現することですが、有権者に正確な情報を届け、政治に対して活発な意見を持ってもらうこともまた、同じくらい重要であると思います。そのために私は情報発信を続けていますし、本書を執筆した最大の動機はそこにあります。

政治が変わらないなんて、大ウソです。実際に、都政は変わりました。「いつどこで誰が何を決めているのか」。それをみなさんが気にし続ける限り、時計の針が戻ることはありません。これほどの注目を集めた都政・都議会が、これから更にどう変わっていくのか。ぜひともこれからの都政と都議会に高い関心を持ち続け、改革のエネルギーとなっていただければ幸いです。

本書の執筆にあたっては、議員になる前から10年来の友人である新潮社の編集者・小杉紗恵子氏による多大なる協力なくして完成することはありませんでした。また、常日頃からブログやSNSでの情報発信を楽しみにしてくれている支援者の皆さまがいなければ、出版という形で読者の元にたどり着くことはなかったでしょう。改めて、心から御礼を申し上げます。ありがとうございます。

そして常に私の行動を気にかけてくれる両親と、多忙な政治活動や執筆を支えてくれた最愛の妻と2人の娘に感謝の意を表し、筆をおきたいと思います。

２０１７年2月、音喜多駿

音喜多駿　1983年東京都生まれ。
早稲田大学卒。2013年に東京都議
会議員選挙（北区）で初当選。
2017年に都民ファーストの会東京
都議団幹事長就任。著書に『ギャ
ル男でもわかる政治の話』。

Ⓢ新潮新書

710

東京都《とうきょうと》の闇《やみ》を暴《あば》く

著　者　音喜多駿《おときたしゅん》

2017年3月20日　発行

発行者　佐　藤　隆　信

発行所　株式会社新潮社
〒162-8711　東京都新宿区矢来町71番地
編集部(03)3266-5430　読者係(03)3266-5111
http://www.shinchosha.co.jp

印刷所　株式会社光邦

製本所　株式会社大進堂

ISBN978-4-10-610710-8 C0231

Ⓢ新潮新書

702 ADHDでよかった　立入勝義

正面から向き合ったことで、「障害」は「強み」に転じた。実は世の天才、成功者も「ADHDだらけ」！　アメリカ在住20年の起業家・コンサルタントが綴った驚きと感動の手記。

701 キレイゴトぬきの就活論　石渡嶺司

「学歴不問。実力重視」「若者よ夢を持て」なんて大嘘！　企業は学生のどこを、学生は企業のどこを見るべきか。就活にまつわるモヤモヤ、ナゾを豊富な取材とデータで解消する。

700 なぜアマゾンは1円で本が売れるのか　ネット時代のメディア戦争　武田　徹

ネット・スマホ全盛の時代に、小分けされ、薄利多売の競争を強いられるコンテンツ。はたして新聞・出版・テレビに逆襲の機会は訪れるのか。生き残りをかけた熾烈な攻防戦をレポート。

699 中国人観光客の財布を開く80の方法　岡部佳子

本当の勝負はこれからだ！　訪日客の最新トレンドからリピーター獲得のノウハウまで、「ポスト爆買い」時代の繁盛戦略を徹底指南。今すぐ役立つ、インバウンド関係者必読の書！

698 薬物とセックス　溝口　敦

ASKA、清原和博、小向美奈子……やめられない。とまらない。そして〝破滅〟がやってくる。なぜカップルで使うのか？　〝禁断の快楽〟とは？　報道されないタブーを一挙解説。

ⓢ新潮新書

687 反・民主主義論 佐伯啓思

民主主義を信じるほど、不幸になっていく。憲法論争、安保法制、無差別テロ、トランプ現象……いま、あふれだす欺瞞と醜態。国家を蝕む最大の元凶を、稀代の思想家が鋭く衝く。

686 日本人の甘え 曽野綾子

国と社会に対する認識の甘さ、マスコミの思い上がりと劣化、他国や他民族への無理解と独善……近年この国に現われ始めた体質変化を見つめ、人の世の道理とは何かを説く。

685 爆発的進化論 1%の奇跡がヒトを作った 更科功

眼の誕生、骨の発明、顎の獲得、脳の巨大化……進化史上の「大事件」を辿れば、ヒト誕生の謎が見えてくる！　進化論の常識を覆す最新生物学講座。

684 ブッダと法然 平岡聡

古代インドで仏教を興したブッダ。中世日本で念仏往生を説いた法然。常識を覆し、独創的な教えを打ち立てた偉大な〝開拓者〟の生涯と思想を徹底比較。仏教の本質と凄みがクリアに！

683 バカざんまい 中川淳一郎

バカ馬鹿ばか69連発！　メディアのお祭り騒ぎから芸能人の驕り、巷の勘違いまで、次々成敗!!　読後爽快感220%、ネットに脳が侵されていない賢明な読者に贈る、現代日本バカ見本帳。

Ⓢ新潮新書

682
歴史問題の正解
有馬哲夫

「日本は無条件降伏をしていない」「真珠湾攻撃は騙し討ちではない」――国内外の公文書館で掘り起こした第一次資料をもとに論じ、自虐にも自賛にも陥らずに歴史を見つめ直した一冊。

681
ヒラリー・クリントン
―その政策・信条・人脈―
春原剛

初の女性大統領は何を目指すのか。側近や閣僚候補はどんな人たちか。「親中・反日」になるとの憶測は本当か――。ヒラリー単独取材の経験もある記者が、「政権の全貌」を徹底予測。

680
〈新版〉総理の値打ち
福田和也

伊藤博文から安倍晋三まで、歴代首相を百点満点で採点した話題の書の最新版。首相になれなかった実力者列伝も併録。明治維新以降の日本近現代史がこれ一冊で丸わかり。

679
鋼のメンタル
百田尚樹

「打たれ強さ」は鍛えられる。バッシングを受けてもへこたれず、我が道を行く「鋼のメンタル」の秘訣とは？　ベストセラー作家が初めて明かす、最強のメンタルコントロール術！

678
ヤクザになる理由
廣末登

グレない人。グレて更生する人。グレ続けてヤクザになる人。分岐点はどこにあるのか。自身、グレていた過去を持つ新進の犯罪社会学者が、元組員らの証言をもとに考察した入魂の書。

Ⓢ新潮新書

672
広島はすごい
安西巧

マツダもカープも、限られたリソースを「これ！」と見込んだ一点に注いで大復活！　独自の戦略を貫くユニークな会社や人材が次々輩出する理由を、日経広島支局長が熱く説く。

671
日本的ナルシシズムの罪
堀有伸

個人より集団、論理より情緒、現実より想像……うつ病の急増、ブラック企業や原発事故などあらゆる社会問題に通底する、日本人特有のナルシシズムの構造を明らかにする。

670
格差と序列の日本史
山本博文

時代とともに姿を変える国家と社会。しかし、古代でも中世でも、その本質はいつも人の「格差」と「序列」にあらわれる。二つのキーワードから、日本史の基本構造を解き明かす。

669
食魔　谷崎潤一郎
坂本葵

その食い意地、藝術的なり！　絶品から珍品まで、この世のうまいものを食べ尽くした文豪は、食を通して人間の業を描き切った。文豪の新たな魅力を掘り起こす、かつてない谷崎潤一郎論！

668
不適切な日本語
梶原しげる

「私たち入籍しました」のどこが間違いか？「元気をもらう」のどこが陳腐か？　喋りのプロが持ち前の粘着質を存分に発揮、笑いと共感と納得に満ちた「日本語偏執帳」。

Ⓢ新潮新書

652
10年後破綻する人、幸福な人
荻原博子

東京五輪後に襲う不況、老後破産から身を守る資産防衛術、年金・介護・不動産の基礎知識……幸せな生活を送るために知っておくべき情報を整理してわかりやすく説く。

651
オキナワ論
在沖縄海兵隊元幹部の告白
ロバート・D・エルドリッヂ

「NO」しか言わないオキナワでいいのか？普天間と辺野古、政権交代とトモダチ作戦の裏側、偏向するメディア——歴史学者として、海兵隊の元政治顧問として、捨て身の直言！

650
1998年の宇多田ヒカル
宇野維正

「史上最もCDが売れた年」に揃って登場した、宇多田、椎名林檎、aiko、浜崎あゆみ。それぞれの歩みや関係性を「革新・逆襲・天才・孤独」をキーワードに読み解く、注目のデビュー作！

649
イスラム化するヨーロッパ
三井美奈

押し寄せる難民、相次ぐテロ事件、増え続ける移民、過激派に共鳴する若者、台頭する民族主義、失われゆく伝統的価値観——欧州が直面する「文明の衝突」から世界の明日を読み解く！

648
戦略がすべて
瀧本哲史

この資本主義社会はRPGだ。成功の「方程式」と「戦略」を学べば、誰でも「勝者」になれる——『僕は君たちに武器を配りたい』著者が、24の「必勝パターン」を徹底解説。